Jana Rätke & Barbara Perfahl

ABENTEUER Welpe

Überlebenstipps für die ersten Wochen

© 2017 KYNOS VERLAG Dr. Dieter Fleig GmbH
Konrad-Zuse-Straße 3, D-54552 Nerdlen / Daun
Telefon: 06592 957389-0
Telefax: 06592 957389-20
www.kynos-verlag.de

Grafik & Layout: Kynos Verlag
Gedruckt in Lettland

ISBN 978-3-95464-132-1

Bildnachweis: Alle Fotos Jana Rätke, außer: Titelbild fotolia@otsphoto; privat S. 171, 183, 184; fotolia@Grigorita Ko S. 169

Mit dem Kauf dieses Buches unterstützen Sie die
Kynos Stiftung Hunde helfen Menschen
www.kynos-stiftung.de

Das Werk einschließlich aller seiner Teile ist urheberrechtlich geschützt.
Jede Verwertung außerhalb der engen Grenzen des Urheberrechtsgesetzes ist ohne schriftliche Zustimmung des Verlages unzulässig und strafbar. Das gilt insbesondere für Vervielfältigungen, Übersetzungen, Mikroverfilmungen und die Einspeicherung und Verarbeitung in elektronischen Systemen.

Haftungsausschluss: Die Benutzung dieses Buches und die Umsetzung der darin enthaltenen Informationen erfolgt ausdrücklich auf eigenes Risiko. Der Verlag und auch der Autor können für etwaige Unfälle und Schäden jeder Art, die sich bei der Umsetzung von im Buch beschriebenen Vorgehensweisen ergeben, aus keinem Rechtsgrund eine Haftung übernehmen. Rechts- und Schadenersatzansprüche sind ausgeschlossen. Das Werk inklusive aller Inhalte wurde unter größter Sorgfalt erarbeitet. Dennoch können Druckfehler und Falschinformationen nicht vollständig ausgeschlossen werden. Der Verlag und auch der Autor übernehmen keine Haftung für die Aktualität, Richtigkeit und Vollständigkeit der Inhalte des Buches, ebenso nicht für Druckfehler. Es kann keine juristische Verantwortung sowie Haftung in irgendeiner Form für fehlerhafte Angaben und daraus entstandene Folgen vom Verlag bzw. Autor übernommen werden. Für die Inhalte von den in diesem Buch abgedruckten Internetseiten sind ausschließlich die Betreiber der jeweiligen Internetseiten verantwortlich.

INHALTSVERZEICHNIS

Wenn eine Hand voll Hund ins Leben kommt 12
Ein Orakel kommt selten allein 15
Wunsch und Wirklichkeit 23

Der Welpe zieht ein: Die Wundertüte wird geöffnet 34
Die Top 5 des Welpen-Wahnsinns 38
Mein Hund mag »den Neuen« nicht 60

Es menschelt: Erwartungen an den Welpen und
zwischenmenschliche Konflikte 66
Wünsche an den Hund 69
Die verschiedenen Typen von Hundehaltern 73
Was ist das Spezielle an der Beziehung Mensch-Welpe? 75
Und wie beeinflusst der Hund im Haus die
Beziehungen zwischen den Menschen? 76
Warum Erwartungen so wichtig sind 77

Die Turbulenzen gut überstehen 80
In der Ruhe liegt die Kraft 81
Stubenreinheit trainieren 84
Die erste große Fahrt 88
Wenn der Welpe den Stadtbummel boykottiert 93
Der Welpe mag Halsband und Leine nicht 95
Warum kann der Welpe nicht frei laufen? 98
Der Welpe flippt bei jedem Besuch aus 102
Darf ich meinen Welpen auf den Schoß nehmen? 107
Wozu brauche ich eine Hundeschule? 108

Drei Welpen im Wahnsinn: Fallbeispiele 110
Fallbeispiel Paula: Wenn Frauchen und Herrchen sich nicht einig sind 112
Fallbeispiel Amy: Wenn Welpen wild werden..132
Fallbeispiel Bruno: Wenn der zweite Hund so ganz anders als der Erste ist 145

Alles wird gut 162
Die Entwicklung kommt sprunghaft, aber doch rasant 165
Führen Sie ein Glückstagebuch? 166
Wie finde ich eine gute Hundeschule? 168

Selbsttest: Was erwarte ich von meinem Welpen? 172

Zum guten Schluss 180

Literatur...181

Danke..182

WENN EINE HAND VOLL

Unter dem Daunenmantel nur einen Schlafanzug, die Hose in dicke Fellstiefel gestopft, in der linken Hand eine Taschenlampe und in der rechten Hand die Leine meines Hundes: So stehe ich um drei Uhr in einer sehr kalten Januarnacht bei minus zwölf Grad auf einem Grünstreifen an der Straße vor meiner Wohnung und höre mich leise »mach mal piesch, piesch« sagen. Nein, ich bin keine Schlafwandlerin und nein, ich habe mir auch keine bewusstseinserweiternden Drogen eingeworfen – ich bin frische Welpenbesitzerin! Mein neun Wochen alter Golden Retriever guckt mich mit seinen großen braunen Knopfaugen fragend an und denkt wahrscheinlich: »Wo bin ich denn hier hingeraten? Warum stellt mich meine Menschenmama in der Dunkelheit in den Schnee? Ich bin doch so müde, bin doch nur kurz aus dem Körbchen aufgestanden, weil ich mal pieschern musste. Aber das habe ich doch schon direkt vor meinem Körbchen erledigt.« Der Moment, als mich dieser kleine vier Kilo Hund, der mit seinem aufgeplusterten Fell wie ein kleiner Eisbär aussah, mit seinen Kulleraugen anguckte, war der Beginn einer sehr großen Liebe. Die zu meinem Hund. Meinem treuen Begleiter.

Ich holte mir meinen Traumhund ins Leben. Und das tat ich gewissenhaft. Ich wollte, wie jeder stolze Welpenbesitzer, alles richtig machen und nichts dem Zufall überlassen. Ich besuchte die Mutter meines Hundes schon vor seiner Geburt, las mehrere Ratgeber – und doch, auf abstruse Situationen wie diese hier – mutterseelenallein um drei Uhr nachts im Vorgarten meiner Wohnung zu stehen – darauf hat mich niemand vorbereitet. Trotz vieler gelesener Ratgeber über die Grunderziehung von Welpen, trotz stundenlangen Surfens im Netz auf Hundeseiten und in Hundeforen verlaufen die ersten Tage und Wochen mit dem Vierbeiner oft völlig anders als gedacht. Der Welpe jault nachts, will nicht mit auf Spaziergänge gehen, verbellt Besucher oder beißt seine Besitzer in die Waden.

HUND INS LEBEN KOMMT

Die Kulleraugen eines Welpen lassen uns den Schlafentzug kurzzeitig vergessen.

Aber warum läuft es denn zu Beginn des neuen Lebens mit Hund so oft schief? Warum trifft man morgens auf der ersten Runde im Park Welpenbesitzer, die frustriert aus dem Alltag als junge Hundeeltern berichten und dabei erfolglos versuchen, die Tränen zurückzuhalten, während gleichzeitig ihr Welpe fröhlich um sie herumspringt? Warum sind so viele Welpenbesitzer verzweifelt auf der Suche nach einer Lösung für ihren vermeintlich völlig aus der Art geschlagenen Hund?

In diesem Buch finden Sie Antworten auf Fragen und Situationen, die jeder Welpenbesitzer kennt. Und wir erklären, warum ein Welpe, der noch nicht mal alle seine Milchzähne verloren hat, schon in der Lage ist, die Beziehung von Frauchen und Herrchen auf die Probe zu stellen.

Die Welpen sollen groß und stark werden. Friedlich frisst der Wurf zusammen. Welchen Charakter entwickeln die Kleinen wohl bei ihren künftigen Familien?

Ein Orakel kommt selten allein

Als frischgebackene »Hundeeltern« findet man sich oft in unerwarteten Konfliktsituationen wieder. Vor dem Einzug des Kleinen ist man sich noch einig, dass man auf gar keinen Fall seinen Hund am Tisch füttert oder gar mit aufs Sofa nimmt. Doch dann kommt der Praxistest und man zweifelt. Auf der einen Seite an der eigenen Einstellung: »Ach, er ist so niedlich, soll ich ihn nicht doch mit ins Bett nehmen?« und auf der anderen Seite diskutiert man mit dem Partner, der seine Felle davonschwimmen sieht: »Ich möchte aber nicht, dass der Hund mit ins Schlafzimmer kommt.«

Aber auch mit wildfremden Menschen kommt es zu bizarren Situationen. Auf die Möglichkeit etwa, dass ich im Gartenmarkt von einer mir unbekannten Frau angepöbelt werde, wäre ich nicht gekommen, und ich konnte davon auch in der Fachliteratur nichts finden. Mit einem Akzent zischte sie mir entgegen: »Armer Hund. Er wird haben schlechtes Leben.« Was sie zu diesem Orakel bewog? Ich weiß es nicht. Ich befand mich in einem Gartencenter mit angrenzender Zooabteilung, in der Hunde äußerst gern gesehen werden. Ich wollte die so wichtige Zeit im Leben meines jungen Hundes nutzen, um ihm so viele alltägliche Situationen wie nur irgendwie möglich zu zeigen. Ich erstellte eine Art Stundenplan: S-Bahn fahren, Stadtbummel, Tierpark, und eben auch der Besuch eines Gartencenters standen da auf meiner To-Do-Liste. Eine Art Geheimtipp unter den Hundebesitzern, da dieses Center über einen gläsernen Fahrstuhl verfügt. Ein unbedingtes Muss für einen Welpen. Wenn ich meinem Hund das nicht alles in den ersten Wochen zeigen würde, könnte er womöglich bei jedem Stadtbesuch störrisch wie ein Esel den Gang in den Fahrstuhl verweigern oder gar in Panik ausbrechen. So stand es in den von mir gelesenen Büchern. Doch mein Hund und ich erreichten an diesem Tag den Fahrstuhl nicht. Kaum hatten wir den Laden betreten, versammelte sich schon eine Traube von Menschen um uns und stürzte sich vor Entzücken auf mein kleines, weißes Wollknäuel. Mit Lautäußerungen wie »Ohhhhs« und »Ahhhhs« teilten sie ihre Begeisterung für meinen kleinen Hund mit. Trotz großer Freude darüber, dass mein Welpe so beliebt war, beendete ich nach einer Weile den Streichelzoo mit dem Hinweis: »Sie wissen schon: der lebenswichtige Besuch des Fahrstuhls.« Die verständnisvolle Menge machte mir Platz. Doch auf dem Weg zu unserem Übungsobjekt kam eben jene ältere Dame auf uns zu, beugte ihren massiven Oberkörper ungefragt über meinen Hund und tätschelte ihn. Als ich ihr höflich mitteilte, dass dieser nun erschöpft von seinem ersten Stadtbesuch sei und wir nun weiter müssten, warf sie mir einen eisigen Blick zu. Ihre Mimik war versteinert und ihr Tonfall furchteinflößend; aufgeregt aber klar und deutlich sprach sie das Orakel: »Armer Hund, er wird haben schlechtes Leben.«

So schaut die Wunschvorstellung eines Welpenbesitzers aus: Mensch kuschelt selig mit seinem kleinen Hundebaby.

Die Allwetterjacken-Frau mit der Pistole

Zu diesem Zeitpunkt, vor etwas mehr als sieben Jahren, arbeitete ich als freie Journalistin. Zusammen mit meinem Welpen startete ich das Projekt Hundeerziehung. Eine Woche nach dem Einzug meines Hundes besuchten wir das erste Mal eine Welpenschule. Vierzehn Hundebabys mit jeweils mindestens zwei menschlichen Begleitern standen eines Samstagmorgens auf einer matschigen Wiese irgendwo in Norddeutschland. Eine etwas untersetzte Mitfünfzigerin in einer grünen Allwetterjacke und einer überdimensional großen, bunten Wasserpistole wies uns kurz in das Geschehen ein. Die freudig an der Leine hüpfenden jungen Hunde sollten zunächst nicht zu ihren Artgenossen gelassen werden. Erst auf ein Signalwort hin sollte der Karabinerhaken der Leine vom Halsband gelöst werden. Da wir alle unterschiedliche Wissensstände hatten, wusste niemand so recht, was das Signalwort sein sollte. Also eins, zwei, drei, Attacke: Vierzehn Welpen, alle zwischen acht und 16 Wochen alt, rasten wild durcheinander gemischt auf einer Art Abenteuerspielplatz umher. Abgewetzte Autoreifen, alte Getränkekisten sowie ein Kinderplanschbecken sollten den kleinen Rackern als Spielwiese dienen.

Eine Stunde später war mein Hund durch den beherzten Einsatz der bunten Wasserpistole der grünen Allwetterjackenfrau klitschnass und durch das Wettrennen mit seinen neuen Kumpels am Rande der Erschöpfung. Die Frau machte uns neuen Welpenbesitzern eindrücklich klar, dass wir alle miteinander sehr dominante Hunde hätten und da noch viel Arbeit auf uns wartete. Das hatte gesessen. Dominante Hunde! Schwer erziehbar! Das war er also, unser erster Besuch einer Hundeschule. Mein Welpe, mit den Kräften völlig am Ende, schlief neben mir auf dem Beifahrersitz angeschnallt sofort ein. Ich dagegen saß schluchzend hinter dem Steuer meines Autos. Dominanter Hund? Mir liefen die Tränen die Wangen herunter. Ich hatte mir den ersten Besuch in der Welpenschule anders vorgestellt.

Wahrscheinlich haben auch schon vor mir viele Menschen, die gerade frisch Hundeeltern geworden sind, schluchzend im Auto gesessen. Und auch jetzt wird es wahrscheinlich irgendwo Neu-Welpenbesitzer geben, die gerade Tränen vergießen. Der schluchzende Welpenbesitzer scheint quasi allgegenwärtig.

Das junge Leben ist anstrengend: Ein friedlich schlafender Welpe erfreut seine Besitzer mit Glück.

Sind da noch Glückshormone?

Nachdem ich mit meinem Vierbeiner einige weitere Hundeschulen besuchte, die alle die Symptome von unerwünschten Verhaltensweisen bekämpften, nie aber die Ursache herausfinden wollten, drückte ich selbst noch einmal die Schulbank. Ich absolvierte eine Ausbildung zur zertifizierten Trainerin für Mensch und Hund mit Schwerpunkt Verhaltenstherapie. Seitdem erlebe ich in meiner täglichen Arbeit als Trainerin, wie sich das Leben mit einem Welpen für die Familien am Anfang komplett verändert. Auf zunächst schlaflose Nächte kann man sich in der Theorie einstellen. Wenn man dann aber die ersten sieben Tage hintereinander um zwei und um vier Uhr nachts auf den Knien rutschend mit einer Hand die Haufen und die Piescher-Pfützen seines Welpen zu beseitigen versucht und ihn mit der anderen Hand gleichzeitig davon abhalten muss, vergnügt durch selbige zu laufen, dann werden die Augenringe schon groß. Dass sich ein Welpe in der Wohnung löst, weiß man vorher, und es ist für einen Hundemenschen genau so normal, wie etwa sein Kind zu wickeln – alles eine Frage der Glückshormone.

Welpen sind sehr neugierig: Klein Lola möchten in den Blumentopf.

Aber wenn der kleine Hund um vier Uhr nachts ausgeschlafen hat und jetzt unbedingt lieber spielen möchte oder genussvoll das Tischbein annagt, zweifeln wir doch hin und wieder, ob die Glückshormone ausreichen. Welpeneltern schildern mir, dass sie in einigen Momenten auch enttäuscht waren, dass die kleinen Hunde entgegen der Erwartung nicht schon stubenrein vom Züchter kommen. Mit wenig Schlaf morgens barfuß in eine Piescher-Pfütze zu treten steht meistens nicht auf dem Wunschzettel. Liebe Welpeneltern, seien Sie gewiss: es geht alles vorüber und auch ihr Hund wird stubenrein.

Der Einzug eines kleinen Vierbeiners stellt seine neue Menschen-Familie vor viele Herausforderungen, interessanterweise in vielen unterschiedlichen Lebensbereichen. Häufig hat jedes Familienmitglied ganz eigene Vorstellungen und Wünsche an den Welpen. Dass dieser dann nicht alle aus seinem neuen Rudel gleichermaßen begeistern kann, liegt in der Natur der Sache. Ist dem Frauchen zum Beispiel sehr an der Stubenreinheit gelegen und stellt sie sich mehrmals in der Nacht den Wecker, um den Welpen nach draußen zum »Lösen« zu setzen, liegt dem Herrchen wiederum sehr viel an einem ungestörten Schlaf. Dann liegen da schnell die ersten Spannungen in der Luft.

Fragen wie die Gretchenfrage nach der Herkunft des Vierbeiners, also Rassehund oder doch lieber ein Tierschutzhund, werden vorher ausgiebig diskutiert. Wie soll er aussehen? Und wie soll sein Wesen sein? Eher aktiv oder zurückhaltend? All diese Fragen werden in den Familien lange besprochen und ganze Für- und Wider-Listen erstellt. Aber ob man die gleichen Ansätze bei der Erziehung hat oder welche Erwartungen jeder Einzelne an das neue Familienmitglied hat – das wird bei all der Ausschüttung der Glückshormone beim Gedanken an das Zusammenleben mit dem Hund oft komplett vergessen. Mit der Abholung des Welpen wird dann klar, welch unterschiedliche Anforderungen Mutter, Vater oder auch Kind an den Hund haben. Am Ende ist jeder Welpe für seine neue Familie eine Art Wundertüte.

Manchmal wissen wir nicht, ob wir weinen oder lachen sollen: Welpen haben viel Unsinn im Kopf.

Wenn der Welpe zum Konfliktpunkt wird

Selten liegen Glück und Verzweiflung im Hundetraining so nah beieinander wie in den ersten 16 Lebenswochen eines Hundes. Sieht man sich vorher in Gedanken schmusend mit dem kleinen Hund auf dem Sofa liegen, findet man sich in Wirklichkeit in Situationen wieder, auf die man nicht vorbereitet wird, weil die Stolpersteine gar nicht nur am kleinen Welpen liegen beziehungsweise von ihm ausgehen. Auch das Umfeld stellt einen vor ganz neue Herausforderungen. Man erlebt plötzlich Konflikte mit wildfremden Menschen auf der Straße. Warum denn der kleine Welpe schon Busfahren muss oder warum er denn jetzt nicht gestreichelt werden darf. Es scheint, als hätte jeder Mitspracherecht und jeder wüsste es besser als man selbst. Und wenn man seinem Vierbeiner die schöne Natur zeigen möchte, rufen andere Hundebesitzer quer von der anderen Seite des Parks, man solle den kleinen Kerl schnell von der Leine abmachen und mit den anderen erwachsenen Hund im Park laufen lassen. In der Praxis sieht es dann so aus, dass da ein bis zwei dreißig Kilo schwere Hunde mit gefühlten dreißig Stundenkilometern auf den gerade vom Züchter abgeholten Welpen zubrettern.

Mein bizarrstes Erlebnis dieser Art hatte ich irgendwo in Oberbayern in einem kleinen beschaulichen Ort, der so schön ist, dass, glaube ich, nur wegen dieses Dorfes die Postkarte erfunden wurde. Ich schlenderte also mit meinem kleinen Hund an einem herrlichen Sonnentag an einem klaren Bergfluss entlang. Der Weg neben dem Fluss war schmal, links der Fluss, rechts ging es tief abwärts, dem Gegenverkehr auszuweichen war schlecht möglich. Eher versetztes Durchlassen war angesagt. Mein Hund, mit der Schleppleine am Brustgeschirr angeleint, lief etwa zwei Meter vor mir. Da sah ich am Horizont auf einmal ein braunes, etwa vierzig Zentimeter hohes Muskelpaket von Hund mitten auf dem schmalen Weg stehen. Sein Frauchen war etwa dreißig Meter hinter ihm und rief laut: »Machen Sie Ihren Hund los, meiner beißt!«. Ich weiß nicht, ob das der Augenblick war, als ich das Manuskript zu diesem Buch in Gedanken startete.

Neben diesen skurrilen Szenen mit wildfremden Menschen wird man häufig aber auch im engsten Umfeld auf einmal in Konflikte gedrängt. Auf allen Ebenen kann es Konfliktpotenzial geben. Die beste Freundin etwa wundert sich, warum man denn nicht wie gewohnt einen sechsstündigen Stadtbummel machen könne. Der kleine Welpe müsse doch auch mal alleine bleiben. Oder der Partner ärgert sich, dass der Vierbeiner von Frauchen entgegen der vorherigen Absprache nun doch mit aufs Sofa genommen wird. Und plötzlich ist man ein schluchzender Welpenbesitzer, weil man in vielen Lebensbereichen unerwartet mit Diskussionen konfrontiert wird.

Aber warum ist das so? Und wie kommen wir aus diesen Situationen wieder heraus?

Meine Autoren-Kollegin, die Psychologin Dr. Barbara Perfahl, und ich möchten genau diese Fragen in diesem Buch beantworten. Wir benennen konkrete Alltagssituationen, die jeder Welpenbesitzer kennt und erläutern, warum der Hund gerade so reagiert, wie er reagiert. Und welche Probleme erst durch unser menschliches Verhalten entstehen. Gleichzeitig geben wir auch Lösungsansätze mit auf den Weg.

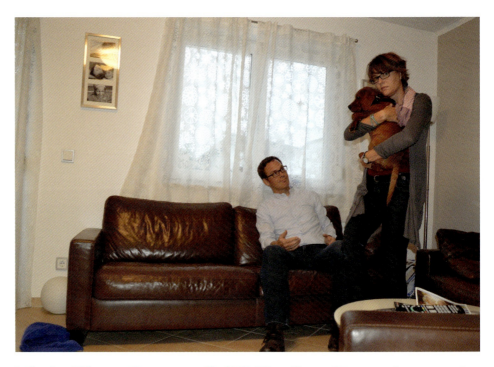

Pulverfass Welpenerziehung: unterschiedliche Vorstellungen können zu Spannungen in einer Beziehung führen.

Wunsch und Wirklichkeit

In meiner täglichen Arbeit als Hundetrainerin schildern mir die Welpenbesitzer, dass sie oft am Rande der Verzweiflung sind. Bei Hausbesuchen fließen nicht selten dicke Tränen. Dass der Welpe nicht so funktioniert oder sich so verhält, wie in der Vorstellung erträumt, empfinden viele als herbe Enttäuschung. Jeder, der schon einmal einen Welpen hatte, kennt dieses Gefühl. Wut, Verzweiflung und Überforderung wechseln sich dann meistens ab. Und das Tückische: Die wenigsten trauen sich, das laut zu sagen. Probleme mit einem Welpen? Die sind doch so süß! Oder, nein, das hat meiner noch nie gemacht, Sätze die junge Welpenbesitzer nur noch mehr unter Druck setzen. Man traut sich gar nicht zu sagen, dass man sich mit dem kleinen Fellknäuel überfordert fühlt. Für viele ist es eine Art »Luxusgut«, mit dem man dann auch klar kommen muss. In meiner

Alltag mit Welpe: Sobald die Leine am Halsband festgemacht ist, möchte er nicht vor die Tür.

Arbeit erlebe ich es täglich, dass die anfängliche Euphorie oft abrupt unterbrochen wird. Egal wie gut man sich auf den Einzug eines Welpen vorbereitet, gibt es schwierige Phasen und zum Teil massive Probleme. Nicht selten sprechen Welpenbesitzer nach einer kurzen Zeit des puren Glücks von einer echten Krisenstimmung zuhause. Das kann zum Teil an familiären Konflikten liegen oder an einem Druck von außen. Auch wenn Sie es sich jetzt vielleicht in dieser Minute gerade nicht vorstellen können, all die Mühe lohnt sich!

Fakt ist: Es ist eine wunderschöne Erfahrung, einen kleinen Hund aufzuziehen. Bleiben Sie heiter. Lassen Sie uns gemeinsam durch die schwierige Phase gehen. Und auch klären: Warum kommen wir denn eigentlich in schwierige Phasen mit dem Welpen? Haben wir falsche Erwartungen an unseren Hund oder passen die Bedürfnisse von Mensch und Mensch oder von Mensch und Hund nicht zueinander? Und warum berührt uns das so, wenn das geplante Leben mit einem Hund nicht sofort wie gewünscht funktioniert? Warum reagiert der Hund in der Situation denn so, wie er reagiert? Und warum kann der Mensch gerade dann nicht aus seinen gewohnten Mustern ausbrechen?

Wir werden uns diesen Fragen in den folgenden Kapiteln auf der einen Seite aus Trainersicht, quasi aus Hundeperspektive, nähern. Im Zusammenleben von Mensch und Hund kann es aber auch sehr hilfreich sein, wenn die Dinge, die den Menschen mit einem Welpen belasten, einmal aus einer anderen Perspektive beleuchtet werden. Deshalb wird Dr. Barbara Perfahl diese Fragen aus psychologischer Sicht beantworten.

Barbaras und mein Weg kreuzten sich, Sie werden es schon ahnen, nach dem Einzug eines Welpen. Barbara kam mit ihrer kleinen Frieda zu mir ins Training. Kurze Zeit nach dem Einzug der kleinen Doodle-Dame hing der Himmel im Hause Perfahl nicht mehr voller Geigen. Zunächst war die kleine Frieda sehr schüchtern. Sie wollte das Haus am liebsten gar nicht verlassen. Ein Verhalten, mit dem die Familie gut umzugehen wusste. Doch knapp zwei Wochen nach Friedas Einzug platzte der Rosa-Welpen-Traum: Frieda biss ihrem Frauchen beherzt in die Hand, als diese ihr einen Kauknochen wegnehmen wollte.

Ein Schock für die ganze Familie. Die Vorfreude auf den kleinen Welpen war immens gewesen, und nun diese herbe Enttäuschung. Aber kann man von einem Welpen, der vollkommen abhängig von seinem Menschen ist, enttäuscht

Zeigt der eigene kleine süße Welpe aggressives Verhalten, sitzt der Schock meist tief.

sein? Plötzlich kommen Gefühle in einem hoch, die man auch aus anderen Beziehungen kennt, allerdings auf menschlicher Ebene. Auf einmal denkt man als Welpenbesitzer an Ungerechtigkeit, man unterstellt dem kleinen Hundebaby gar Absicht in seinem Handeln. Man steckt einen hohen zeitlichen und emotionalen Aufwand in die ersten Wochen und dann das, der eigene kleine Schnuffelwelpe beißt einem in die Hand, weil er sein Spielzeug nicht abgeben möchte. Es kommen sofort Gefühle von Frust, Wut und ja Enttäuschung hoch. Genau so war es auch bei Barbara. Und da stellte sich die Frage: Warum ist ein so kleines Wesen in der Lage, eine gefestigte Familie so aus den Fugen zu heben? Viele Welpenbesitzer empfinden ein Gefühl von Undankbarkeit. Man tut alles für diesen kleinen Hund, und dann so etwas.

Gemütlicher Abendspaziergang? Der Welpe hat da so seine eigenen Pläne.

Wenn dunkle Wolken übers Welpen-Paradies ziehen

Dieses Buch soll Sie bei Fragen zum Verhalten Ihres Welpen genau an dem Punkt abholen, an dem Sie gerade nicht weiter wissen.

Eins ist gewiss: Mag die Zeit mit einem Welpen auch manchmal sehr herausfordernd sein und Sie manchmal zweifelnd auf das Projekt Hund schauen – die zauberhaften Momente mit dem Neuzugang werden bald zurückkehren. Grundvoraussetzung für das gewünschte harmonische Miteinander ist das Wissen, warum der Welpe in gewissen Situationen so handelt, wie er eben handelt. Dann kann mit einem vernünftigen Training gestartet werden.

Mir als Hundetrainerin ist es wichtig, dass man, so gut es geht, nicht emotional handelt. In meinem Trainingsalltag erlebe ich die unterschiedlichsten Reaktionen von Menschen auf ein und dieselbe Situation. Während die einen nach einem Biss eines Welpen sagen, das war die Schuld des Menschen und denken »Hilfe, ich bin unfähig, einen Welpen zu erziehen«, warnen die anderen vor diesem Pulverfass von Hund und appellieren, dass man dem Vierbeiner zeigen müsse, wer der Herr im Hause sei. In allen Fällen aber schleicht sich bei den Menschen Frust und Verzweiflung ein. Eines gleich vorweg: Friedas Maßregelung an ihrem Frauchen war keine Verhaltensstörung des Hundes! Genauso klar ist aber auch, dass die Beziehung von Mensch und Hund (noch) nicht stimmte. Es gibt keine Trainingsschablone, die man in solchen Situation über jeden Welpen stülpen kann. Man muss die Situation immer individuell betrachten.

Nehmen wir das folgende Beispiel: Die Pudelhündin Montana ist 16 Wochen alt, seit vier Wochen lebt sie in ihrer neuen Familie: Mutter, Vater und ein achtjähriger Sohn gehören zum »Rudel«. Die Hündin zeigt sich die ersten Wochen eher scheu, mag gar nicht spazieren gehen. Den Garten erkundet sie jedoch von Tag zu Tag mehr, entfernt sich bei ihren täglichen Ausflügen auf dem Grundstück der Familie weiter weg vom sicheren Haus.

Da es Sommer ist, verbringt die Familie ohnehin die meiste Zeit im Garten, Montana ist immer dabei. Die Familie hat auch noch einen Kater namens Igor,

Money zeigt erstes Besitzverhalten an.

der schleppt hin und wieder seine Beute zum Haus und legt sie als Geschenk für seine Menschen vor der Terrasse ab. Auf ihren täglichen Erkundungsrunden durch den Garten findet Montana eines Tages Überreste von Igors Beute, einer toten Maus. Frauchen Tina sieht das, rennt zu Montana hin und greift der Hündin beherzt in Richtung Maul. Die Hündin schnappt zu, Tina schreit auf, lässt Montanas Maul los, die guckt ihr Frauchen mit großen Augen an und schluckt ihre Beute schnell runter. In diesem Moment weiß man nicht, wer geschockter ist, das Frauchen oder Montana. Ein dicker Bluterguss und ein großer Schock bleiben Tina. Die Familie hatte ihre Hündin bis zu diesem Tag vom Charakter her als einen eher schüchternen Hund beschrieben und ist nun sehr erschüttert von diesem Verhalten.

Aus Hundesicht hat Montana eine Beute gemacht und sie verteidigt. Wo lag nun der Fehler?

Spielzeug zur freien Verfügung im Garten: Money steht imposant über ihrer »Beute«.

In der Hundeerziehung und gerade in der Welpen- und Junghundezeit kommt es sehr stark auf klare Strukturen an. Die Familie hat mit Montana täglich die Grundsignale Sitz und Platz geübt. Jedoch fehlt es Montana an anderen Stellen an Erziehung. Die Erziehung des Welpen hat sich bei der Familie auf die Trainingseinheiten im Garten beschränkt. Doch für den Vierbeiner ist es wichtig, dass der Mensch nicht nur bei Übungen wie beim Lernen von Sitz oder Platz konsequent ist und dem Welpen damit Orientierung gibt. Wer regelt die Dinge innerhalb der Familie? Wer ist beispielsweise für die Ressourcenverwaltung zuständig? Für Montana sind diese Fragen im Aufbau der Beziehung zu ihren Menschen wichtig. Doch in diesem Fall ist es für den Hund nicht klar ersichtlich, wer das Rudel eigentlich leitet. Die Familie verhält sich aus Sicht des Hundes eher passiv. Montana darf täglich ganz nach ihren Wünschen den Garten erkunden. Für Montana bedeutet das ausgeprägte Bewegungsfreiheit, welches aus Hundesicht ein großes Privileg ist. Die Familie hat darüber noch gar nicht nachgedacht. Sie handeln aus Menschensicht auch völlig nachvollziehbar, indem sie den kleinen Welpen erst mal im neuen Zuhause »ankommen lassen« und aus ihrer Perspektive erkundet Montana als schüchterner Welpe ihren Garten. Welche Tragweite aber die uneingeschränkte Bewegungsfreiheit sowie das andauernd selbstständige Entscheiden in dem Aufbau des Rudelkonstrukts von Hund und Mensch hat, ist den Menschen zu diesem Zeitpunkt gar nicht bewusst. Sie sind einfach froh, dass der Welpe überhaupt draußen ist. Spazieren gehen mag er ja noch nicht.

Dieser Beispielfall zeigt sehr schön, dass die Betrachtung der verschiedenen Wahrnehmungen eben aus den beiden Perspektiven wichtig ist. In dem Fall hielten sich die Menschen mit Regeln bei dem Hund bewusst zurück. Aus ihrer Sicht wollten sie dem Welpen erlauben, sich in Ruhe den Garten anzuschauen. Aus Sicht des Hundes verhalten sich die Menschen jedoch äußerst passiv, schreiten nicht selber das Territorium ab, sondern überlassen es dem Welpen. Die kleine Montana hat außerdem bei ihren täglichen, eigenständigen Rundgängen innerhalb des Gartens zur Kenntnis genommen, dass Kater Igor ebenfalls sehr eigenständig ohne jeglichen Einfluss der Menschen durch den Garten tapert und scheinbar alles darf. Auf Mauern balancieren, in Hecken springen und seine Beute da ablegen, wo er möchte. Die Hündin nutzte also ihre täglichen Beobachtungsspaziergänge durch das Grundstück ihrer Familie für ihre eigene Studie. Der Hund schlussfolgert daraus, dass man sich im Garten frei bewegen darf. Der Ansatz, dass der Hund erst mal den Garten erkundet, bevor man mit ihm spazieren geht, ist goldrichtig. Der Mensch muss jedoch auch im Garten verlässliche Strukturen vorgeben. Wie etwa, den Welpen bei seiner

Erkundung durch den Garten stets zu begleiten. Oder den Hund mit Hilfe einer Schleppleine räumlich zu begrenzen beziehungsweise so in der Nähe seines Menschen zu halten. Dann zum Beispiel, wenn man als Mensch an einer Stelle Gartenarbeit erledigt, um so zu verhindern, dass er alleine auf Erkundungstour geht. Im Laufe des Buches werden wir anhand von drei Welpen und deren Entwicklung auf ähnliche typische Probleme eingehen und Lösungsansätze bieten.

Zurück zum Ausgangsfall: zu Frieda. Barbara bekam von allen Seiten gut gemeinte Ratschläge. Sätze wie »Was, dein Hund hat Dich gebissen? Der Hund muss wissen, dass er das letzte Glied in der Kette ist!« waren an der Tagesordnung.

Betrachtet man nun die beiden Wahrnehmungen einmal von Hund und Mensch, wird klar, dass dieser Ansatz völlig veraltet und hier total fehl am Platz wäre. Der Hund soll nicht untergebuttert werden. Vielmehr muss der Mensch verstehen, was die Motivation des Hundes ist, so zu reagieren.

Money möchte ihre gerade gemachte »Beute« nicht mit dem Menschen teilen.

Warum denkt der Hund, er sei in der Stellung, sein Frauchen zu maßregeln? Anhand von Montana wird deutlich, wie es dazu kam. Ein Hund benötigt keinen lauten Menschen, sondern einen Menschen, der ihm klare Strukturen gibt, ihm Grenzen aufzeigt, an denen er sich orientieren kann. Im Gespräch mit Tina stellt sich heraus, dass der Welpe schon vorher mehrfach dem Kater das Fressen weggenommen hat und dem Kater gerne den Weg abschneidet, wenn dieser das Haus verlassen will. Sie hat also schon Erfahrungen mit Maßregelungen gesammelt und wurde nicht daran gehindert. Ebenso wie in der Mehrhundehaltung ist es auch im Hunde- und Katzenhaushalt wichtig, Dinge als Mensch zwischen den Tieren zu regeln. Hätte Montana erlebt, dass sie daran gehindert wird, den Kater zu maßregeln, dann hätte Montana ihren Menschen als sehr souverän erlebt und müsste ihn nicht in Frage stellen.

Bewährungsprobe für Beziehungen

Der Welpe kann nicht nur zu Konflikten im sozialen Umfeld führen. Die Erziehung eines Hundebabys ist oft auch ein Pulverfass für Paarbeziehungen.

Gewusst wie: Üben Sie zunächst innerhalb der Familie Alltagssituationen wie die einer Begrüßung.

Plakative Überschriften in Zeitungen wie »Nachwuchs der Beziehungskiller Nummer eins« kennen wir alle. Dass auch das Großziehen eines Welpen Sprengstoff für eine Ehe oder Partnerschaft bedeuten kann, erlebe ich in meiner täglichen Arbeit. Ein Pärchen kann noch so harmonisch im Alltag miteinander leben, wenn es um das Thema Hundetraining geht, liegt ganz oft Spannung in der Luft. Oft werden die unterschiedlichen Standpunkte und Auffassungen ja erst deutlich, wenn der Vierbeiner bereits eingezogen ist.

Welpe Sherlock nutzt jede Unaufmerksamkeit – und schwupps, ist er als Erster beim Besucher.

Wenn mich Hundebesitzer in Erziehungsfragen um Rat fragen, analysiere ich zunächst das Verhalten des Hundes. Ich sehe mich da wie ein Dolmetscher und übersetze die Sprache des Hundes seiner Familie. Bevor wir dann mit dem eigentlichen Training beginnen können, kommen aber oft erstmal die unterschiedlichen Standpunkte ans Licht. Nehmen wir als Beispiel einen Hund, der an der Tür bellt. Ich schaue mir dann das Anliegen in der Praxis an. Folgende Situation: Es klingelt, der Hund bellt. Die Frau möchte, dass der Hund sich vor der Tür ruhig hinsetzt und zögert deshalb mit dem Öffnen der Türe, bis sich der Hund abgelegt hat. Dem Mann dauert das alles zu lange und schwupps, macht er die Türe auf.

Der Hund, den Frauchen gerade noch zum Sitz animieren möchte, startet durch und rennt zum Besuch, oder besser, rennt diesen überschwänglich über den Haufen. Hund jault und bellt abwechselnd und hüpft aufgeregt hin und her, Menschen streiten sich, Besuch kniet auf der Erde und herzt den Hund. Der Hund lernt: Was für eine herrliche Aufregung, wenn es an der Tür klingelt. Hier sieht man sehr deutlich, wie schnell nicht das Verhalten des Hundes, sondern vielmehr die verschiedenen Auffassungen eines Trainings zu einem Konflikt führen können. Wie hier in dem Beispiel hatte die Frau ja eigentlich einen Trainingsplan, der ihrem Mann entweder nicht vorher mitgeteilt wurde oder er einen anderen Trainingsweg einschlagen möchte.

Das Glück liegt zum Greifen nah

Kennen Sie das auch? Sind sie sich innerhalb der Familie auch uneinig über die Erziehung des Welpen? Möchten Sie den Hund eher als Kumpel haben und Ihr Partner möchte einen Beschützer für die Familie? Oder haben Sie gerade als frische Welpenbesitzer eine schlaflose Nacht hinter sich, weil Ihr Vierbeiner viel lieber Ball spielen wollte, als zu schlafen oder das Telefonkabel in der Nacht so spannend war? Vielleicht kommen Sie aber auch gerade aus der Hundeschule und fragen sich, warum nur Ihr Welpe als schwer erziehbar eingestuft wurde. Oder haben Sie sich dieses Buch vielleicht als Lektüre zur Vorbereitung auf die Anschaffung Ihres Welpen gekauft? Egal in welchem Zustand Sie uns jetzt gerade lesen, seien Sie gewiss: das Glück der Erde liegt für uns Hundebesitzer zum Greifen nah. Wenn wir unsere Nase ins wohlig duftende Hundefell graben, sind alle Probleme so fern. Auf den folgenden Seiten wollen wir der Frage auf den Grund gehen, wie wir das Verhalten unseres Welpen beeinflussen können und wie wir ohne Scheidungsanwalt oder Wechsel des kompletten Freundeskreises freudig durch die Welpenzeit kommen.

DER WELPE ZIEHT EIN:

Die Situation nach Einzug eines Welpen ist so individuell wie die Hunde selbst. Als Trainerin erlebe ich die unterschiedlichsten Charaktere von Welpen. Besonders spannend sind die ersten Tage nach der Abholung des neuen Familienmitglieds. Die Wundertüte wird quasi geöffnet.

Und der Inhalt ist so unterschiedlich wie die Erwartungen an ihn. Nehmen wir mal drei Beispieltypen von Welpen: Typ A war beim Züchter eher unauffällig

Diese Welpen müssen noch groß und stark werden. Jeder wird seine individuelle Persönlichkeit haben. Finden sie die richtigen Besitzer?

DIE WUNDERTÜTE WIRD GEÖFFNET

bis zurückhaltend. Hat sich an Raufereien unter den Geschwistern nie beteiligt. War aber auch nicht ängstlich. Gab es neue Situationen für die Kleinen, wie etwa das erste Mal einen anderen Boden als der der Welpenstube zu betreten, ließ er seinen Geschwistern den Vortritt, aber traute sich dann auch raus. Seine neue Familie hat ihn mehrmals bei der Züchterin besucht, auf dem Arm seiner Menschenmama kuschelte er sich stets ein und ließ die Schmuseeinheiten zu. Kaum in seiner neuen Familie angekommen, macht Typ A einen rasanten Entwicklungsschub und zeigt ein komplett anderes Verhalten.

Typ A-Welpen wie Alvin strotzen vor Energie.

Typ-B-Welpen präsentieren sich als äußerst entspannte Zeitgenosssen.

Von der bisherigen Zurückhaltung keine Spur mehr. Zögerliches Betreten des neuen Zuhauses? Fehlanzeige. Der Kleine empfängt seine neue Familie auf dem Sofa sitzend, vergnügt springt er in den Blumentopf und nascht Erde, zieht interessiert die Fransen des Teppichläufers heraus.

Typ B war bei der Züchterin der quirligste Welpe des Wurfes und an jeder Rauferei beteiligt. Präsentiert der Züchter ein neues Spielgerät wie eine Wanne mit bunten Bällen oder ein Kuscheltier – er ist immer vorne mit dabei und untersucht das neue Spielzeug. Bei seiner neuen Menschenfamilie dagegen präsentiert sich Typ B als äußerst entspannter Zeitgenosse.

Buddha wird sein neuer Spitzname. Wenn seine Besitzer ihm ein Spiel anbieten, ist er mit Feuereifer dabei, fordert seinerseits aber nicht übermäßige Spieleinheiten ein. Er macht nichts kaputt. Auch die beiden Kleinkinder machen ihn nicht nervös. Er ist also deutlich ruhiger, als sein Verhalten bei der Züchterin vermuten ließ.

Typ C zeigt sich beim Züchter äußerst gelassen. Neue Untergründe, das erste Mal ein fremder Mensch, das erste Mal Autofahren, für den kleinen Racker kein Problem. Bei seiner neuen Familie präsentiert er sich genauso. Er hat keine besonderen Ängste, meistert neue Situationen unaufgeregt.

Typ-C-Welpen sind unerschrockene kleine Energiebündel.

Heißt also, Typ C verhält sich bei seiner neuen Familie ganz genauso wie beim Züchter.

Erkennen Sie Ihren Welpen wieder? Wichtig ist die richtige Auswahl des Welpen. Frauen verlieben sich oft recht spontan in einen Welpen, meistens in den pummeligsten des Wurfes, der sie so treu anschaut. Männer wollen meist den Rabauken aus dem Wurf, der im besten Falle ständig in irgendeine Rauferei mit seinen Geschwistern verwickelt ist und dem menschlichen Besuch nicht allzu viel Beachtung schenkt. Seriöse Züchter vergeben ihre Welpen gewissenhaft und nicht nach optischen Vorlieben ihrer Besitzer. Einige Hundeschulen bieten auch die Begleitung bei der Auswahl des Welpen an. Ist die Beratung seriös, ist das sehr hilfreich dabei, sich nicht von Emotionen leiten zu lassen, sondern nach den eigentlichen Bedürfnissen, die man an das neue Familienmitglied hat.

Die Top 5 des Welpen-Wahnsinns

Der erste Tag mit einem Welpen ist wohl einer der aufregendsten, die man als Hundehalter erleben kann. Mindestens acht Wochen lang fiebert man auf die Abholung hin. Die ersten Tage sind für beide Seiten spannend. So unterschiedlich wie die oben beschriebenen Welpentypen sind auch die Startschwierigkeiten mit einem Welpen. Es gibt kein Handbuch für acht Wochen alte Hunde. Vor welche Herausforderungen der kleine Vierbeiner seine Menschen stellt, ist ganz individuell.

Während die eine Familie A bereits wenige Tage nach dem Einzug des Welpen die erste Renovierung planen muss und die abgenagten Stellen am Holztisch notdürftig mit Möbelpolitur beseitigt werden (welches dann der Beispielwelpentyp-A widerspiegeln würde), kann eine andere Familie ihren Welpen quasi neben dem Stromverteilerkasten alleine spielen lassen, weil er nichts, aber auch gar nichts kaputt macht (was dann dem Typ C gleich käme).

Fühlt der Welpe sich unbeobachtet, erklimmt er das Sofa.

Es gibt aber einige Bereiche in der Welpen- und Junghundezeit, die sind quasi omnipräsent. Diese Themen durchlebt jeder Welpenbesitzer als Problembereiche, zwar immer in unterschiedlicher Ausprägung, aber jeder kennt sie.

Wenn ich die Top 5 der »Problembereiche« erstellen sollte, deretwegen Welpenbesitzer nicht weiter wissen, sind das folgende Themenblöcke: Stubenreinheit, Schlafplätze, Spazierengehen und das Verhalten gegenüber anderen Hunden sowie die unerwarteten Konflikte im sozialen Umfeld. Menschen, deren Sätze mit »Warum« oder »Sie müssen« beginnen und die einen frischen Welpenbesitzer jeglichen Verstand absprechen und mit Rat tatsächlich um sich schlagen. Diese Spezies kennt wirklich jeder Mensch, der gerade ein Hundebaby im Arm hält. Zu jedem dieser Themenbereiche gibt es typische Probleme und genauso typische Reaktionen der Menschen auf die Verhaltensweisen ihrer Hunde.

Das Verhalten der Welpen zieht oft Emotionen ihrer Besitzer nach sich, die wiederum ein neues Problem mit dem Hund schaffen, anstatt dies zu lösen. Im folgenden Teil widmen wir uns den typischen Problemen und erläutern, warum der Mensch manchmal so emotional auf unerwünschtes Verhalten seines Welpen reagiert und was dann die richtigen Erste-Hilfe-Maßnahmen sind. Erste Trainingsansätze für ganz typische Probleme mit dem jungen Hund werden wir uns auch im Anschluss in den Fallbeispielen anschauen. Beginnen wir mit dem dringendsten Problem, der Stubenreinheit.

Stubenreinheit

Oft sind die Welpen beim Züchter schon stubenrein, das heißt sie lösen sich dort im Garten. Erfahrene Züchter kennen und beobachten ihre Welpen genau und setzen sie mehrmals am Tag in den Garten, damit sie sich dort lösen können. Kommt ein Welpe nach acht Wochen in sein neues Zuhause, heißt das aber nicht automatisch, dass er sich auch dort im Garten löst, nur weil er es bei dem Züchter wochenlang so gemacht hat. Denn alles ist neu und aufregend.

Die Ankunft im neuen Zuhause verschlafen viele Welpen oder fallen kurz nach der Erkundung ihrer neuen Umgebung in einen Tiefschlaf. Neue Gesichter, die erste lange Autofahrt, alles riecht anders, diese Eindrücke machen müde. Kaum wacht der Kleine dann auf, pieschert er oft direkt das erste Mal ins Wohnzimmer. Hat man Glück, trifft er dabei nicht die nagelneue Hundedecke.

Hundedecke, wieso Hundedecke? Da liegen schon die ersten Nerven blank. Der Welpe pieschert in sein frisch bezogenes und liebevoll dekoriertes Körbchen. Die ersten zweifeln am Verstand ihres Vierbeiners, liest man doch überall »kein Hund macht in seine Höhle«. Wieder andere Welpenbesitzer machen sich weniger Gedanken um den Geisteszustand ihres Kleinen, vielmehr zweifeln sie am eigenen Geschmack. Sie wittern eine Protestaktion des Welpen, weil ihm seine Schlafstätte nicht gefällt. Plüschiges Rosa als Körbchen? Oder dezentes Grau? Kaum eine Stunde im neuen Zuhause, quittiert der Welpe dies wohlmöglich schon mit einer Protestaktion und pieselt in sein Körbchen? Die Schlussfolgerung vieler.

Interpretieren Sie in diese Handlung Ihres Kleinen nichts hinein, was es nicht wirklich ist. Ihr Hund hadert nicht mit Ihrem Geschmack und betreibt auch keine Nestbeschmutzung, wenn er sich in seinem Körbchen löst, er kann es einfach noch nicht besser.

Ich erlebe viele Welpenbesitzer, die regelrecht frustriert sind, wenn ihre kleinen Hunde nicht wie angekündigt stubenrein vom Züchter kommen. Lassen Sie Ihrem neuen Familienzuwachs Zeit, um anzukommen.

Die goldene Regel, den Welpen nach jedem Schlafen, nach jedem Essen und nach jedem Spiel auf seinen Löseplatz bringen, ist in der Tat Gold wert. Nach der ersten Nacht finden Sie mehrere Haufen und Pfützen im Wohnzimmer? Das ist völlig normal. Der Schließmuskel ist beim Hund noch nicht voll entwickelt, und warum sollte er Ihnen nachts Bescheid geben, wenn er nicht weiß, dass Sie wissen, dass man sich draußen lösen kann?

Hatte man sich die ersten Tage in Gedanken kuschelnd mit Welpe auf dem Sofa gesehen, ist man stattdessen mit dem Hygienereiniger im Haus unterwegs und meistens schon mitten in einer Diskussion mit dem Rest der Familie. Das Rudel eines Menschen zieht beim Thema Stubenreinheit meistens nicht sofort an einem Strang. Macht man sich selbst eher Sorgen, dass der Welpe wohlmöglich sein Körbchen nicht leiden mag, macht sich der Partner eher um die Wirkung von Urin auf dem gerade geschliffenen Holzfußboden Gedanken.

So unterschiedlich Welpen sich verhalten, so unterschiedlich reagieren ihre Menschen auf die Probleme. Viele erwarten von ihrem Welpen, dass er sich meldet, wenn er nach draußen muss. Ihr kleiner Hund weiß aber noch gar nicht, dass er auch bei Ihnen die Möglichkeit hat, sich draußen zu lösen. Sie werden bald lernen, Ihren Welpen zu beobachten und merken, wann er sich lösen muss. Erkennen Sie es, nehmen Sie ihn behutsam auf den Arm und setzen Sie ihn draußen auf seinen Löseplatz. Sie sind jetzt seine Hundemama, die ihm die Welt erklärt. Sie sind immer noch nervös, ob Ihr Hund jemals stubenrein wird? Im Kapitel vier und fünf zeige ich weitere Lösungsansätze auf.

Was soll ich denn jetzt draußen? Tragen Sie Ihren Kleinen immer an die gleiche Stelle zum Lösen, dann wird es zur Routine.

Mag der Welpe sein Körbchen nicht leiden?

Die ersten Stunden mit Welpen daheim vergehen wie im Flug. Mensch und Hund sind erschöpft von all den neuen Eindrücken. Der Welpe schlummert selig auf einer seiner neuen Decke im Wohnzimmer. Viele trauen sich dann nicht, den Welpen aufzuwecken, obwohl sie ihn doch eigentlich mit ins Schlafzimmer nehmen wollten. Die neuen Welpeneltern schleichen sich dann ins Schlafzimmer, aber noch nicht einmal eine halbe Stunde später, die Menschen sind gerade eingeschlafen, winselt der Kleine. Viele Kunden berichten mir, dass sie sofort zu ihrem Hund gehen, doch er habe dann schon dort schon hingepieschert. Was hat er bloß?

Viele beginnen dann mitten in der Nacht den Schlafplatz des kleinen Hundes zu ändern, weil er augenscheinlich nicht zur Ruhe kommt.

Für viele Welpenbesitzer ist das die erste Prüfung. Schlafmangel ist nicht zu unterschätzen. Viele Paare sind sich dann uneinig. Würde der eine das Winseln eher ignorieren, holt der andere den Kleinen schnell mit ins Bett.

Die Reaktionen auf die kurzen Nächte sind bei den Welpenbesitzern oft davon abhängig, wie die eigene Situation geregelt ist. Hat man selbst am darauffolgenden Tag frei? Dann läuft es meist entspannter. Muss man selbst am nächsten Tag früh aus den Federn, sieht man die Situation schon nicht mehr so locker. Häufig sprechen meine Kunden dann vom Welpenwahnsinn.

Die Kleinen beenden nicht selten gegen vier Uhr morgens ihre eigene Nacht und somit auch die Nachtruhe ihrer Menschen.

Putzmunter und zu jedem Spaß aufgelegt laufen sie durchs Zimmer, beschnuppern die Bücher im Regal, versuchen auf Sesselhocker zu klettern und apportieren die Socken neben dem Bett. Sie tun alles, nur nicht schlafen.

Während die einen ihren Welpen dann quasi im Sekundentakt hinaussetzen, weil sie denken, der Kleine suche einen Löseplatz, drehen die anderen mit dem Kleinen mitten in der Nacht eine Runde um den Block und sind tags darauf sprichwörtlich hundemüde. Hat der Züchter auch von Schlafproblemen berichtet? Viele zweifeln, ob sie sich nicht doch mit dem Hund überfordert haben.

Größer ist die Wahrscheinlichkeit, dass Sie zu mehr Schlaf kommen, wenn Sie den Welpen mit in Ihrem Schlafzimmer schlafen lassen. Was dem Welpen

Lust auf Spielen haben viele Welpen gerade in der Nacht.

ohnehin eher entgegen kommt, da er schließlich mindestens acht Wochen in Gesellschaft verbracht hat. Seine Geschwister und die Hundemama und in den meisten Fällen auch die Menschenmama schliefen in einem Raum. Soll der Kleine jetzt auf einmal alleine schlafen, gleicht das einer Isolation. Richten Sie Ihrem Welpen einen Schlafplatz am besten neben Ihrem Bett ein.

Apropos Schlafplatz, wo schläft der Welpe eigentlich im Auto? Die erste Autofahrt vom Züchter ins neue Zuhause verschlafen viele Welpen. So viel Aufregung macht kleine Hundebabys müde. Nach ein paar Tagen soll dann die zweite Autofahrt folgen. Anders als beim Abholtag ist man dort aber oft alleine mit dem Hund unterwegs. Viele Hundebesitzer weihen dann die nagelneue Hundebox direkt ein, setzen den Hund in die selbige und die Fahrt beginnt. Jault Ihr Welpe jetzt während der ganzen Fahrt? Viele versuchen ihren Hund dann mit der Stimme zu beruhigen oder lassen das Radio zur Ablenkung laufen. Warum jault der Hund trotzdem?

Haben Sie Ihren Welpen vorher an die Box gewöhnt? Kann er seinen Menschen nicht sehen, weil ihm durch die Rückbank die Sicht versperrt ist? Ist ihm die Hundebox unheimlich? Wichtig ist in dieser Situation, den Hund nicht zu überfordern und in jedem Fall keine Absicht zu unterstellen.

Wenn Sie möchten, dass Ihr Welpe in einer Hundebox im Auto ist, muss er gut an diese gewöhnt sein. Wie lange das dauert, hängt vom Welpen ab. Gewöhnen Sie Ihren Hund deshalb lieber langsam und Schritt für Schritt an die Box. Die Gewöhnung muss zunächst in gewohnter Umgebung bei Ihnen Zuhause passieren. Stellen Sie die Box zum Beispiel ins Wohnzimmer. Alleine das Aufstellen der Box wird die Neugierde Ihres Hundebabys wecken und er wird interessiert ankommen. Gerade beim Training mit der Box kann man durch Überforderung des Hundes den Trainingserfolg gefährden beziehungsweise unnötig in die Länge ziehen. Ist man als Mensch zu ungeduldig und schließt die Box auch unter großem Protest des Hundes, dann dauert das Anti-Jaul-Box-Training später viel länger, als die eigentliche Gewöhnung gedauert hätte. Starten Sie das Training also mit dem Aufstellen der Box im Wohnzimmer. Beschäftigen Sie sich erst mal alleine mit der Box, ohne Ihren Hund gleich zu sich zu rufen. Breiten Sie zunächst eine Decke in der Box aus, sprechen Sie Ihren Hund dann aufmunternd an wie etwa »Schau mal mein Kleiner, jetzt legen wir eine Decke in die Box«. Die sanfte Stimme wird das Interesse ihres Hundes wecken und zunächst die Box als ungefährlich abspeichern. Legen Sie dann unmittelbar vor die Box ein Leckerchen. Nimmt er das Futterstück, belohnen Sie ihn mit der Stimme. Das zweite Leckerchen kann dann schon direkt in den Eingang der Box liegen, nimmt der Welpe auch dieses Leckerchen wandern die Futterbelohnungen immer ein Stück weiter nach hinten. Ihr Hund soll so lernen, dass es in der Box stets etwas Gutes zu Essen gibt. Schließen Sie die Tür der Box am Anfang noch nicht. Ihr Hund soll die Box ausschließlich positiv belegen und nicht gleich mit einer Bewegungseinschränkung verknüpfen. Haben Sie einen wenig futtermotivierten Hund oder ein eher schüchternen Vierbeiner? Dann vereinfachen Sie ihm das erste Einsteigen in die Box. Bei den meisten Alu-Boxen kann man das Dach der Box entfernen, sodass er quasi erst einmal in ein ganz normales Körbchen gehen kann. Bei den Stoffboxen öffnen Sie alle Fenster und Türen.

Geht der Hund munter in die Box, können Sie ihm als Belohnung auch einen Kauartikel oder sein Lieblingsspielzeug geben.

Zurück zum richtigen Platz im Auto: Gerade bei der Gewöhnung ans Autofahren erlebe ich immer wieder Welpenbesitzer, die leider nur deshalb nicht auf ihren Instinkt vertrauen und die Situation ihrem Hund angenehmer gestalten, weil sie von anderen gehört haben, man dürfe sich von seinem Welpen nicht erziehen lassen und müsse jegliches Jaulen oder jede Unmutsäußerung des Hundes für eine Art Protesthaltung halten. Viele sind durch die ungefragten

Ratschläge anderer verunsichert, was ihrem Hund tatsächlich gut tut oder was er mit seinem Verhalten ausdrucken möchte. Trauen Sie Ihrem Gefühl! Ein acht Wochen alter Hund möchte nicht die Welt verändern, nur weil er im Auto jault.

Wir gehen zum Bäcker und vergessen, was wir dort wollten

Der Alltag mit einem Hundebaby ist oft von Stolpersteinen begleitet. Genau wie beim Thema Autofahren bekommt man von allen Seiten Tipps und Tricks mit auf den Weg. So kann einen auch das gewohnte Umfeld vor ganz neue Herausforderungen stellen.

Ganz typisch für die Welpenzeit sind plötzliche Konflikte an Stellen, an denen es in der Zeit ohne Hund gar keine gab. Ging man früher morgens ohne Hund zum Bäcker um die Ecke Brötchen holen, kam man mit Brötchen nach Hause. Geht man jetzt den gleichen Weg mit einem Welpen an der Leine spazieren, kommt man mit mindestens fünf Erziehungstipps, drei davon sogar mit dem erhobenen Zeigefinger erteilt und mit dem Hinweis auf Dominanz sowie mit mindestens einem Wortgefecht nach Hause. Dafür aber manchmal eben auch ohne Brötchen.

Klein trifft auf groß: Möchte man seinen kleinen Welpen nicht sofort zu dem großen Hund hinlassen, ist man oft schon in einer handfesten Diskussion.

Kontakt- oder gar konfliktscheu darf man als Welpenbesitzer augenscheinlich nicht sein. Ein kleiner Hund an der Leine scheint bei allen Menschen ein Gefühl auszulösen – das kann positiv, aber auch negativ sein. Ungefiltert bekommen Welpenbesitzer die Gedanken ihrer Mitmenschen zu hören.

Bei eigentlich harmlosen Vorhaben wie dem ersten Gang zum Bäcker um die Ecke oder dem Warten an der Bushaltestelle erleben viele Hundebesitzer teilweise absurde Szenen. Warum muss der kleine Welpe denn schon Bus fahren oder warum darf der kleine Welpe denn nicht von jedem an der Haltestelle gestreichelt werden?

Viele Hundehalter kommen sich vor wie der Erklärbär aus dem Kinderfernsehen. Jeder Hund soll ein Menschenfreund sein. Aber die gleichen Menschen, die in einer Situation nicht verstehen, warum der kleine Hund an der Bushaltestelle nicht zu jedem Passanten darf, sind vermutlich die ersten, die die Nase rümpfen, wenn der gleiche Hund acht Monate später mit stattlichen 35 Kilo vor ihnen steht, wie selbstverständlich zu ihnen läuft und freudig den Kopf in ihre Handtasche steckt.

Immer wieder erlebe ich es, dass sich Welpenbesitzer, die sich reichlich belesen haben und bereits im Training sind, oft von ihrer Umwelt bevormundet fühlen. Es scheint, als hätte jeder Mitspracherecht und jeder wüsste es besser als man selbst. Jeder kann gewiss aus dem Stand zwei Anekdoten erzählen.

Genau wie Barbara, als sie mit ihrer 16 Wochen alten Mischlingshündin Frieda das erste Mal mit der U-Bahn fuhr. Die Hündin war bei ihrer ersten Fahrt sehr entspannt, das Hundemama-Herz von Barbara schlug höher. Sie schaute stolz auf ihren kleinen Hund, als eine ältere Dame mit zwei vollgepackten Leinenbeuteln mit Einkäufen ins Abteil kam und sich neben Barbara auf den Sitz fallen ließ. Die Frau musterte Frieda und dann sagte sie mit sehr bestimmter Stimme: »Meine Güte, ist Ihr Hund struppig! Kaufen Sie sich doch eine Bürste!«

Genau diese Situationen sind es, auf die man sich nicht vorbereiten kann. Man übt mit seinem Hund Situationen, damit er sich zivilisiert verhält und man seine Mitmenschen nicht stört und dann wird man getadelt, weil sich bei dem eigenen Mischlingshund zwischen Pudel und Labrador ausgerechnet genetisch der Pudel im Haarkleid durchgesetzt hat. Solche skurrilen Szenen kennen Sie sicher alle.

Möchte man seinem jungen Hund die schöne Natur zeigen und ist froh, dass er nach einiger Übungszeit jetzt freudig die Grundstücksgrenze mit uns zusammen verlässt, brüllt es von der anderen Seite des Parks herüber, man solle den kleinen Kerl schnell von der Leine abmachen.

Jeder kennt die Situation. »Das klären die unter sich« oder »Der Kleine muss sich eben unterordnen«. Sätze, die wie für die Bühne geschrieben, aber leider Alltag sind.

Der Glaube, dass Hunde ihre Begegnungen untereinander regeln sollen, ist immer noch sehr weit verbreitet. Das ist ein Irrtum. Haben Sie eine gute Welpenschule gefunden, werden Sie dort angeleitet, wann man die Welpen voneinander trennt und was man laufen lässt. Dort kann Ihr Welpe artgerecht kommunizieren, wenn die Gruppe seriös geleitet wird. Sollten Mobbing-Sequenzen zugelassen werden, wird Ihr Hund nicht gestärkt aus dieser Begegnung herausgehen.

Greift der Mensch hier nicht ein, lernt der Welpe, stürmisch andere Hunde an der Leine zu begrüßen.

Trennen Sie bewusst Situationen, in denen Ihr Hund gemobbt wird oder ihm das Spiel oder die Rauferei schlicht zu viel wird. Durch Ihr Verhalten wird er lernen, dass man Ihnen vertrauen kann. »Das müssen die untereinander regeln« ist einfach Quatsch, leider aber immer noch in vielen Köpfen verankert.

Vergleichen wir mal die Situation mit einem Kind, das in den Kindergarten geht. Entstehen dort Konflikte, bei dem das eine Kind dem anderen beispielsweise die Schaufel klaut, tolerieren die Erzieherinnen das. Die Kinder lernen so mit Gefühlen von Frust und Enttäuschung umzugehen, ohne einen Wutanfall zu bekommen. Haut jedoch das eine Kind das andere Kind immer wieder mit der Spielzeugform im Sandkasten, würde doch die Erzieherin eingreifen und niemand sagen »das regeln die schon untereinander«. So ist es auch bei unseren Hundebabys, wenn wir mitanschauen, wie erwachsene Hunde oder auch gleichaltrige Spielkameraden unseren Hund einnorden und wir dann tatenlos daneben stehen, werden die Welpen uns für nicht besonders vertrauenswürdig halten.

Zurück zum Sandkastenbeispiel: Dort erfährt das Kind Hilfe von der Erzieherin und wird so künftig weiter gelassen draußen spielen können, mit der Gewissheit, sich auf die Erzieherin verlassen zu können. So wird auch Ihr Hund Ihnen Vertrauen schenken und Sie für einen Rudelführer halten, wenn Sie ihn ungute Begegnungen mit Hunden nicht durchstehen lassen.

Der Welpe verlässt die Höhle nicht

In den ersten Tagen ist Spazierengehen allgemein ein großes Thema unter Welpenbesitzern. Kommen Sie mit Ihrem Welpen schon vor die Haustür?

Viele Welpenbesitzer werden gewarnt, die Kleinen nicht zu früh körperlich zu belasten und berichten mir, dass sie aber auch gar nicht in die Versuchung kommen, den Spaziergang zu lang werden zu lassen, weil ihr Welpe schlicht nicht mitgeht.

Waren Sie schon mit Ihrem Welpen vor der Tür oder mag der Kleine sein Zuhause am liebsten gar nicht verlassen? Sobald sie merken, wir wollen uns zu Fuß von unserem Zuhause entfernen, gehen die meisten Hundebabys keinen Schritt mehr und bleiben wie vom Donner gerührt an der Grundstücksgrenze

Im Haus und im Garten ist Sherlock ein aufgeweckter Kerl. Doch kaum soll er den für ihn sicheren Bereich verlassen, hat er Angst.

stehen. Kennen Sie das? Die Versuche der Besitzer, den kleinen Hund aus dem Haus zu locken und zu einem Spaziergang zu überreden, erstrecken sich meist über mehrere Tage. Da steht man dann als erwachsener Mensch ratlos neben einer Handvoll Hund, der sich einfach nicht mehr weiter bewegt. Viele wollen ihren Hund dann überlisten und nehmen direkt aus der Haustür eine andere Richtung, damit der Kleine nicht gleich merkt, dass sie nicht in den Garten, sondern spazieren gehen wollen.

Wieder andere tragen den Welpen aus dem Haus über die Straße und setzen ihn erst mitten auf dem Fußweg ab. Die nächste Familie wechselt munter die Familienmitglieder durch, die ihr Glück versuchen sollen. Da versucht es der Mann eher streng und bestimmt und die Frau mit glockenheller Stimme oder die Kinder sollen vorneweg mit dem Rad fahren. Doch es wird oft nur schlimmer.

Kann man den Baum essen? Spazieren gehen möchte Sherlock nicht, im Garten aber kann ihn sein Frauchen nicht einen Moment unbeobachtet lassen.

Öffnen wir dagegen die Balkon- oder Terrassentür, ist der Welpe sofort bei uns, geht die Tür hinaus und springt dann vergnügt auf der Wiese herum, schnuppert an einem Blatt, findet eine Kastanie im Laub. Angstfrei und scheinbar gedankenversunken entdeckt der Kleine seine Umwelt. Merken sie aber, dass wir durch die Haustür gehen möchten, kommen viele Hunde nicht mal mehr aus ihrem Körbchen. Standen auch Sie dann schon mitten auf dem Fußweg und haben verzweifelt versucht, Ihren Hund zum Weitergehen zu bewegen?

Wenn man dann gefrustet den Versuch eines Spaziergangs wieder einmal als gescheitert beendet und noch überlegt, ob der Welpe vielleicht eine Sonnenallergie hat oder der Asphalt zu hart für seinen zarten Pfötchen ist, zieht der Welpe schon an der Leine. Ja, er zieht! Eben noch stur wie ein Esel, zieht der Kleine jetzt Richtung Garten. Der gleiche kleine Hund, der bis eben noch wie eingefroren auf dem Fußweg zu keinem Schritt mehr zu bewegen war, rennt in den Garten und hüpft fröhlich auf der satten Grünfläche umher. Wer noch nie einen Welpen hatte, wird denken: Wo ist das Problem? Dann gehen wir halt nicht spazieren.

Statt eines ausgedehnten Spaziergangs trainiert Selina mit Joda und Klein-Lola Grundsignale im Garten.

In der Praxis ist das für die meisten aber nur schwer auszuhalten. Ein Hund, mit dem man nicht spazieren gehen kann? Undenkbar. Typische Reaktionen der Menschen sind Selbstzweifel, also die Frage »Warum mag mein Welpe nicht mit mir spazieren gehen?«

Nicht selten fließen auch Tränen im Welpentraining. Wenn ein fröhlich wedelnder Welpe durch den Garten hüpft, aber nicht vor die Tür gehen mag, nehmen viele Hundebesitzer das total persönlich. Als würde ihr Welpe sagen: »Mit Dir nicht! Mit jedem anderen gehe ich spazieren, aber nicht mit Dir!«

Jetzt die gute Nachricht: Ihr Welpe ist nicht verhaltensauffällig, sondern völlig normal. Für einen Welpen ist die sicherste Umgebung sein Zuhause, quasi seine Höhle, sein Nest. Die erste Höhle, die bei seiner Mutter, hat er schon verlassen. Für den Hund grenzt es an Leichtsinn des Menschen, wenn wir uns jetzt zu Fuß von der sicheren Höhle entfernen.

Ein Welpe, der sich weigert, das Grundstück zu verlassen, ist somit nicht verhaltensauffällig, sondern folgt seinem natürlichen Instinkt.

Da steht man als erwachsener Mensch mit einem kleinen Fellknäuel mitten auf dem Fußweg und es geht weder vor noch rückwärts. Dann hat man oft die Sätze des Nachbarn noch im Ohr: Lass Dich von Deinem Hund nicht dominieren, Du musst Dich durchsetzen! Das ist hier aber völlig fehlinterpretiert. Wenn Sie die Situation einmal aus Sicht des Hundes betrachten, nämlich dass Sie quasi leichtsinnig das sichere Zuhause verlassen, fällt es Ihnen als Mensch nicht mehr schwer, einen Gang zurückzuschalten.

Ausgedehnte Spaziergänge, wie sie den meisten Menschen mit einem erwachsenen Hund vorschweben, sind mit einem Welpen nicht umsetzbar. Planen Sie eher Erkundungsspaziergänge. Fahren Sie mit Ihrem Kleinen zum Beispiel zu Ihrem nahegelegenen Lieblingswaldstück oder zu einem Feldweg bei Ihnen um die Ecke oder zu einem Fluss. Eine längere Wegstrecke sollten Sie im Moment noch nicht mit Ihrem Welpen zurücklegen. Zum einen wird er schnell müde sein und keine Lust mehr haben, zum anderen ist eine längere gleichbleibende Bewegung, wie es bei einem Spaziergang der Fall ist, für einen Hund im Wachstum gesundheitsgefährdend. Sind Sie nun an dem Ort Ihrer Wahl angekommen, lassen Sie Ihrem Hund dort Zeit, sich umzuschauen. Ist Ihr Kleiner neugierig und quirlig? Prima, dann nehmen Sie sein Lieblingsspielzeug mit und toben Sie ein wenig mit ihm auf der Wiese oder auf dem Feld. Nutzen Sie das Spielen gleichzeitig zum Üben des Alltagstrainings. Setzen Sie das Spiel auf verschiedenen, dem Welpen noch unbekannten Untergründen, fort, wie etwa auf Sand, Gras, Kies oder Asphalt. Bleiben Sie im kleinen Radius zeigen Sie Ihrem Welpen die bunte Welt nach und nach. Verschiedene Untergründe und neue spannende Gerüche müssen von dem Welpen als neue Eindrücke gut verarbeitet werden.

So groß die Verlockung auch sein mag, weil man denkt, jetzt läuft es doch gerade so gut – bitte nicht direkt im Anschluss an einen gelungenen Erkundungsspaziergang den ersten Ausflug mit dem Hund in die Stadt planen. Die neuen Eindrücke können vom Welpen nur verarbeitet werden, wenn man ihm auch die Zeit dazu gibt.

Hat der Welpe Spaß an dem Spiel mit Ihnen in der Natur? Dann belohnen Sie seinen Mut mit Ihrer netten Stimme und einem weiteren gemeinsamen Spiel.

Welpen sind neugierig, nutzen Sie dies und zeigen ihm die spannende Welt. Ist Ihr Welpe eher zurückhaltend und an ein Spiel in einer fremden Umgebung ist nicht zu denken? Zeigen Sie Ihrem Kleinen stattdessen, dass ein unbekannter Platz nicht gefährlich ist. Hier sollte der Fokus dann eher auf der Stärkung des Selbstvertrauens liegen. Einem unsicheren Welpen helfen Sie mit gemeinsamen »Mutproben«. Legen Sie ihm zum Beispiel ein Leckerchen auf einen Stein, der so hoch ist, dass er sich nicht verletzen kann und nicht springen muss, lediglich ein wenig recken sollte er sich müssen. Löst er diese Aufgabe, loben Sie ihn überschwänglich. Was für den Menschen »nur« eine Leckerli-Suche ist, bedeutet für Ihren kleinen Kerl ein enormes Erfolgserlebnis. Und das Beste daran: Sie, seine neue Familie, haben ihn auf das Leckerli aufmerksam gemacht, das stärkt die wachsende Mensch-Hund-Beziehung.

Lola kommt auf das Rufen von Selina und wird mit Leberwurst belohnt.

Verzichten Sie die ersten Wochen auf klassische Spaziergänge mit dem Hund. Hat Ihr Welpe mit Ihnen schon einige spannende Erkundungsspaziergänge erlebt, können Sie ihm ja mal auf die gleiche Weise seine nähere Umgebung zeigen. Dabei ist tatsächlich der Weg das Ziel. Ist vielleicht direkt neben ihrem Gartentor oder beim Nachbargrundstück ein Baum mit einer dicken Rinde, in der sich wunderbar Leckerlies verstecken lassen? Prima, dann gehen Sie mit Ihrem Welpen auf Spurensuche.

Gemeinsam mit Frauchen zu schnüffeln macht Spaß.

Halsband oder Brustgeschirr?

Diese Frage wird oft heiß diskutiert und es gibt quasi zwei Lager: Die einen schwören auf das Halsband und die anderen würden ohne Brustgeschirr nicht einen Schritt mit ihrem Welpen vor die Türe machen. Ich möchte Sie, liebe Welpenbesitzer, jetzt nicht vollends verwirren, aber ich bevorzuge Variante drei: Ich empfehle, sowohl das Halsband als auch das Brustgeschirr zu benutzen. In der Praxis hat es sich bewährt, den Welpen früh an beides zu gewöhnen. Für das Sichern im Auto und für das Führen an der Schleppleine benutze ich ausschließlich ein Brustgeschirr. An der Schleppleine zum Beispiel geht es ja oft dynamisch zu, wie etwa, wenn wir den Welpen beschäftigen oder ihm einen größeren Freiraum geben. Dann passiert es leicht einmal, dass der Welpe den Radius der Leine überschätzt und in die Leine »rennt«, und da wäre das Verletzungsrisiko mit einem Halsband meines Erachtens viel zu hoch. Damit liefere ich auch gleich schon die Erklärung für das Halsband. Ich übe mit den Welpen das Gehen an der kurzen Leine ausschließlich am Halsband. Durch genaues Training wird ein Hineinlaufen des Welpen in das Halsband vermieden und so lernt der Welpe schnell, dass das Halsband »gutes Gehen« bedeutet. Gut trainiert bedeutet: Der Welpe lernt das Halsband so kennen, das man dort an lockerer Leine geht und verbindet es nicht mit »ich darf einfach losrennen«.

Mein Hund ist ein Eigenbrötler

Hilfe, mein Hund spielt nicht mit anderen Hunden! Ist er ein Eigenbrötler?

Eine ganz typische Situation: Zwei Freundinnen oder Nachbarn oder Arbeitskolleginnen haben zufälligerweise zur gleichen Zeit einen Welpen. Sie verabreden sich zum ersten Spieletreff im Park, und so hat Sheltie-Hündin Maja eines Nachmittags die erste Spieleverabredung ihres Lebens, sie trifft auf Golden Retriever Lara (beide zehn Wochen alt).

Die Besitzerinnen erhoffen sich von der Begegnung ein schönes Spiel zwischen den beiden Hunden. Die Leinen werden für die Begegnung ausgehakt. Die Goldiehündin Lara läuft sofort zu Maja hin, die daraufhin ängstlich davonläuft. Lara versucht Maja durch wildes Hin- und Herspringen zum Spiel zu animieren, aber die Hütehündin hat die Rute eingeklemmt, trippelt ängstlich vorwärts und schaut seitlich hoch zu ihrem Frauchen. Diese versucht, ihre Hündin immer wieder durch Handbewegungen und aufmunternde Worte zum Spiel zu animieren. Doch Maja mag nicht spielen. Was ist hier los?

Wieder einmal die gute Nachricht zuerst: Maja ist nicht verhaltensauffällig, sondern ein ganz normaler Welpe. Warum dieser kleine Hund nicht spielen mag, muss man von mehreren Seiten beleuchten.

Zum einen gibt es auch bei Hunden Sympathie und Antipathie. Würden Sie gerne täglich einen Latte Macchiato in einem Café trinken, wenn die Bedingung für den Genuss wäre, dass das Personal Ihnen stets den Tischnachbarn aussucht und Sie sich mit dieser Person, egal ob sie sich mögen oder nicht, mindestens eine Stunde lang unterhalten müssen?

Nicht jeder Hund muss sich mit jedem Hund verstehen. Welpen sind naturgemäß neugierig und interessiert an ihrer Umwelt. Aber auch unter den Kleinsten gibt es Vierbeiner, die weniger extrovertiert sind. Das ist zum einen eine Charakter- und zum anderen auch eine Rassefrage.

Stressfaktor auf dem Spaziergang: Joda möchte mit Selina einen Ausflug machen, Lola möchte lieber wieder nach Hause.

Ein Hütehund wie etwa der Sheltie und ein Golden Retriever wählen in ihrer Kommunikation jeweils eine andere Form. Zwar setzen beide körpersprachliche Signale ein, jedoch entscheiden diese sich stark in ihrer Dynamik. Nehmen wir das Beispiel Freude beziehungsweise Sichtung einer Person oder eines anderen Hundes. Der Golden Retriever ist eine sehr körperbetonte Rasse. Sagen wir mal so: ein Retriever hält mit seinen Gefühlen nicht hinterm Berg. Wenn ein Goldie spielt, dann mit dem ganzen Körper und in meist hoher Dynamik. Sieht ein Retriever-Welpe beispielsweise eine ihm sich freundlich nähernde Person, dann gibt es meist kein Halten mehr. Dann wackelt von der Rute bis zur Nasenspitze alles an dem Hund! Gerne hüpft der Goldie voller Temperament auch herum und läuft mit hohem Tempo auf die Person zu.

Völlig gegensätzlich dazu verhält sich aber der Sheltie. Diese Rasse agiert sehr viel ruhiger. Sieht ein Sheltie-Welpe einen anderen Hund, dann sieht er ihn

Nicht jeder Hund möchte Kontakt mit Artgenossen haben.

sprichwörtlich erst einmal, mehr passiert nicht. Nicht im Traum würde es ihm einfallen, powackelnd und noch dazu im hohen Tempo auf den anderen Hund zuzulaufen. Nun haben wir hier den Fall, dass zwei Freundinnen eben gerade zwei so unterschiedliche Rassen haben. Können die überhaupt je miteinander spielen? Die Antwort heißt jein, will sagen: Ja sie können, sie müssen es aber nicht. Wie oben beschrieben gibt es auch bei Hunden Sympathie und Antipathie. Es gibt schlichtweg auch Hunde, die keine anderen Hunde zu ihrem Lebensglück brauchen. Und es gibt Vierbeiner, die einfach nicht spielen wollen. Das muss man akzeptieren.

So weit sind wir bei unserem Beispielfall Maja und Lara aber noch lange nicht. Majas Frauchen hat Sorge, dass ihr Hund ein Eigenbrötler ist, weil sie sich derart zurückhaltend verhält. Von Eigenbrötler kann hier aber keine Rede sein, man muss einfach nur das unterschiedliche Temperament der Hunde beachten. Dazu, dass Maja und Lara überhaupt eine Chance haben, sich im Laufe der Zeit zu verstehen und sogar ausgelassen miteinander zu toben, können Sie als Mensch viel beitragen. Die erste Begegnung der beiden ist nicht so gut gelaufen. Die beiden Freundinnen haben sich in einem Park getroffen, mit der Idee, dass die Hunde sich auf neutralem Boden begegnen sollten. Lara rannte sofort zu Maja hin und hüpfte aufgeregt um die Sheltie-Hündin herum. Diese zog ihre Rute ein und verkroch sich zwischen den Beinen ihres Frauchens. Majas Frauchen versuchte mit aufmunternder Stimme ihre Hündin zu überreden, dass sie doch auch spielen sollte. Doch daraus wurde nichts. Wie sollte man reagieren?

Grundsätzlich ist es gut, zwei sich völlig fremde Hunde auf neutralem Boden vorzustellen. Für Welpen finde ich einen öffentlichen Park jedoch nicht optimal, weil man die vielen Außeneinflüsse nur schwer beeinflussen kann. Das heißt, der Ausflug in einen Park ist schon aufregend genug und die verschiedenen Eindrücke muss der Welpe verarbeiten. Kommt dann noch eine aufregende Hundebegegnung dazu, könnte es schnell alles zu viel sein.

Hinzu kommt, dass bei Maja und Lara noch keine territoriale Motivation, also Neigung zur Verteidigung des eigenen »Reviers«, zu erkennen ist. So wäre ein Treffen im Garten einer der Freundinnen eine gute Wahl gewesen. Was können die beiden Freundinnen bei der nächsten Begegnung besser machen? Lara muss lernen, dass es nicht alle Hunde mögen, wenn sie auf andere zugaloppiert kommt. Und Lara muss lernen, dass ihr Mensch in Begegnungen eingreifen kann und sie in ihrem Handeln auch mal unterbrochen beziehungsweise gestoppt wird.

Eine geringe Distanz zwischen den Hunden beim Ableinen zum Spielen ist unbedingt empfehlenswert. Maja hingegen muss erfahren, dass sie nicht zwangsläufig um ihr Leben fürchten muss, wenn ein anderer Hund auf sie zugelaufen kommt. Und ganz wichtig: Maja muss die Erfahrung sammeln, dass ihr Frauchen sie aus unguten Begegnungen herausnimmt. Häufig wird das Verhalten wie hier von Maja fehlinterpretiert. Ein Hund der offensichtlich verängstigt bei einer Schutz bei seinem Menschen sucht, wird oft nicht ernst genommen. Häufig fallen dann Sätze wie »da muss sie durch« oder »sie muss lernen, sich zu wehren«.

Das einzige, was Hunde lernen, wenn sie sich in einer vergleichbaren Situation wie die beiden Welpen befinden, also der eine vom anderen bedrängt wird, ist, dass die Menschen ihnen nicht helfen.

Mein Hund mag »den Neuen« nicht

Die Mehrhundehaltung liegt zurzeit im Trend. Ich habe viele Kunden, die sich nacheinander ganz bewusst mehrere Hunde in die Familie holen. Der Einzug eines Welpen ist dabei immer etwas ganz besonderes. Oft wird alles generalstabsmäßig geplant und die Vorfreude wächst mit jedem Tag. Dann kommt Tag X der Welpenabholung. Voller Stolz trägt man das neueste Familienmitglied ins Haus. Beim Anblick des süßen Welpen werden die Glückshormone bei den Menschen freigelegt und dem Kleinsten fliegen die Herzen der Menschen nur so zu. Beglückt von dem putzigen Wesen wird der vierbeinige Nachwuchs auch seinen schon im Haus lebenden Artgenossen gezeigt. Statt Lichterglanz in den Augen der anderen Hunde folgen dann meist Tränen bei den Menschen – vor Ernüchterung über die Reaktion der Hunde. In der Regel zünden die Vierbeiner nämlich kein Feuerwerk beim Anblick des Neuzugangs.

Im Gegensatz zu den Vierbeinern hatten die Zweibeiner ja ausgiebig Zeit für Vorfreude. Ist der Mensch schon seit Monaten voller Vorfreude auf den Zuwachs, erfährt der bereits in der Familie lebende Hund ja erst mit der Ankunft des Neuen von der Familienerweiterung. Und dass der Welpe dauerhaft bleibt,

Joda zeigt Klein-Lola deutlich, was er von Beute-Teilung hält.

wird er wahrscheinlich erst ein paar Tage später realisieren. Während die Menschen verzückt sind, scheint der erste Hund der Familie in der Regel zu hoffen, dass der Kleine nur zu Besuch ist. Viele erwachsene Hunde finden Welpen zunächst mal uninteressant oder sogar eher nervig. Der Kleine hingegen denkt beim Anblick des anderen Hundes »Juhu, ich bin nicht alleine!« Je fordernder der Welpe wird, desto zurückgezogener wird oft der ältere Hund. Als Mensch steht man dann enttäuscht und ratlos daneben. Viele versuchen, den älteren Hund zum Spielen mit dem Welpen zu animieren. Wird der Kleine auch nach ein paar Tagen vom Großen immer noch ignoriert, halten viele Menschen das Projekt Rudelerweiterung für gnadenlos gescheitert.

Aber auch das ist eine Typfrage: Erwachsene Hunde reagieren unterschiedlich auf Welpen. Sollte ich Hunde, deren Rudel um einen Welpen erweitert wurde, kategorisieren, würde ich aufgrund meiner Erfahrungen im Trainingsalltag folgende Kategorien beschreiben:

Typ A findet Welpen einfach nur nervig und versucht sie konsequent zu ignorieren. Ich finde es faszinierend, mit welcher Konsequenz diese Hunde es schaffen, Welpen nicht zu beachten. Als ob die Kleinen Luft wären, gehen sie einfach weiter.

Ein häufiger Fall: Der alte Hund ignoriert den Welpen weitestgehend.

Typ B empfindet die Welpen als überflüssig und toleriert den Neuankömmling nicht. Sobald dieser sich auch nur in die Richtung des erwachsenen Hundes bewegt, knurrt dieser und zeigt durch Abschnappen, dass er seine Gesellschaft nicht schätzt. Hunde-Typ C freut sich dagegen einfach über die vierbeinige Verstärkung und spielt sofort nach dem Einzug des Kleinen mit ihm. Dieser Typ Hund kommt aber eher selten vor.

Neben dem Charakter des erwachsenen Hundes spielt natürlich auch eine Rolle, wie alt dieser ist: Befindet er sich gerade selbst in der Pubertät oder ist er ausgewachsen? In der Regel ignorieren erwachsene Hunde einen Welpen zunächst. Und genau da schlägt dann oft das Welpenbesitzerherz Alarm: »Hilfe, mein Hund mag den Welpen nicht!« ist eine typische Reaktion und der

Zieht sich Ihr älterer Hund zurück, sorgen Sie dafür, dass der Welpe ihn dort nicht nervt.

besorgte Mensch fragt sich, was er bloß tun soll, damit die beiden Hunde so schön miteinander spielen, wie er es sich vorgestellt hat.

Das braucht vor allem eins: Zeit. Denken Sie daran, die Vorfreude und die Vorbereitungen auf den Zuwachs hat Ihr erwachsener Hund ja nicht mitgemacht, sondern er wurde quasi mit dem Welpen überrascht. Die Wunschvorstellung, dass die Hunde sich von Beginn an prima verstehen, ist überaus verständlich. Doch in der Praxis kommt das selten vor. Aus lauter Frust werden einige Menschen dann zu einer Art Animateur. Statt einer Poolnudel wie im Pauschalurlaub halten sie dann Fleischwurst und eine Vielzahl von Bällen oder Frisbees in den Händen und versuchen, die Vierbeiner in Spiellaune zu bringen. Es wird alles versucht, damit die beiden Hunde sich gut verstehen. So nach dem Motto »Der Gast bringt Fleischwurst und eine Batterie an neuen Spielsachen mit, dann muss man ihn doch mögen.« Das ist menschlich gedacht auch völlig nachvollziehbar. Ihr älterer Hund wird aber nicht die Gastgeschenke des »Neuen« honorieren, sondern seine Menschen für äußerst kindisch halten. Warum soll ein erwachsener souveräner Hund mit einem ihm völlig fremden Babyhund spielen und dann noch neue Ressourcen wie Spielzeug teilen? Und er wird vermissen, dass Sie sich um die Verwaltung des nun gewachsenen Rudels kümmern. Dem Welpen zeigen, wo er hin darf und wo nicht. Das wird ihr älterer Hund für clever halten, die Animationsversuche wird er hingegen merkwürdig finden und deshalb den ernsten Part, in dem Fall das Knurren, übernehmen. Übersetzt bedeutet das: der ältere Hund kann gar nicht spielen, selbst wenn er wollte, da er ja erst mal anderen Aufgaben wie die Zuteilung der Liegeplätze im Haus für wichtiger hält.

Funktioniert die Zusammenführung also nicht auf Anhieb so, wie Sie es sich vorgestellt haben, dann versuchen Sie, Ihren Wunsch von zwei spielenden Hunden hintenan zu stellen. Sonst stellt sich bei allen Beteiligten schnell Frust ein. Das heißt ja nicht, dass diese zwei Hunde niemals miteinander spielen werden. Satteln Sie aber zunächst vom Animateur zu einer Art Schiedsrichter um. Jetzt sind ihre Qualitäten als mehrfache Hundeeltern gefragt. Beobachten Sie ihre Hunde genau. Mal lässt man was laufen und mal pfeift man ab. Zeigen Sie Ihren Hunden also, dass Sie kritische Situationen für sie regeln. Ob Ihr erwachsener Hund ein von mir kategorisierter Typ A oder B ist, spielt dann zuerst eine untergeordnete Rolle. Er wird in jedem Falle sehen, dass Sie Qualitäten haben, ihm diesen kleinen Welpen vom Leib zu halten. Dann steigen Sie sehr viel mehr in seiner Achtung, als wenn Sie versuchen, Welpen und Althund im Bällebad zu bespaßen.

Wenn man sich zu sehr auf diesen einen Wunsch fokussiert, nämlich das die Hunde vom ersten Moment an miteinander spielen, übersieht man oft, wie viele andere Dinge und eben auch naheliegende Lösungen. Da hilft es, die Situationen einmal losgelöst von den eigenen Wünschen zu betrachten. Was genau passiert denn zwischen den zwei Hunden? Wenn Ihr älterer Hund sich zum Beispiel genau wie der von mir oben als Typ kategorisierte Typ A Hund benimmt, dann ist es ein völlig normales Verhalten und noch überhaupt kein Grund zur Sorge. Es kann dann durchaus sein, dass die beiden Hunde später ein sehr gutes Team werden. Ist Ihr erster Hund eher der von mir kategorisierte

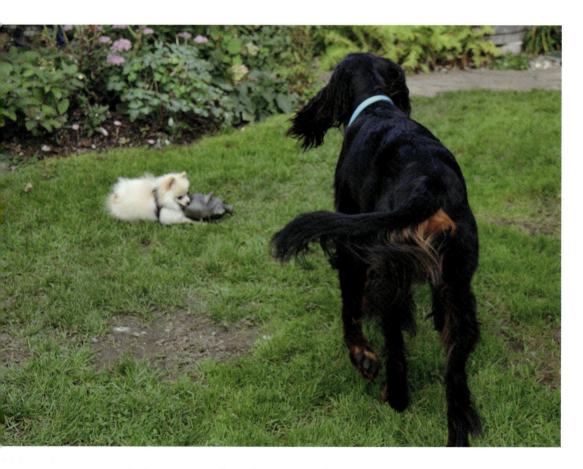

Klein-Lola zeigt sich unbeeindruckt von Joda und nimmt immer wieder das Spielzeug.

Typ B, also knurrt er den Kleinen an und schnappt ab, wenn dieser ihm zu nahe kommt? Beachten Sie auch das einmal ganz wertneutral, ohne die eigenen Emotionen. Wann genau zeigt der erwachsene Hund, dass es ihm zu viel wird? Kann er zum Beispiel das Gewusel des Welpen im Hause nicht tolerieren oder knurrt er nur, wenn der Welpe ihm zu nahe kommt? In beiden Fällen ist hier auf gar keinen Fall Hopfen und Malz verloren.

Die Mehrhundehaltung kann ein großes Glück sein. Hunde zu beobachten, wie sie miteinander kommunizieren oder gar spielen, ist sehr erfüllend. Doch wer glaubt, dass der zweite Hund einfach so neben dem ersten mitlaufen wird, erlebt oft eine bittere Enttäuschung. Einfacher wird zunächst leider gar nichts: Sie müssen Ihre Aufmerksamkeit jetzt teilen und haben quasi einen Zusatzjob. Betrachten Sie Ihre Rolle wie eben schon erwähnt als eine Art Schiedsrichter: Ihr erwachsener Hund möchte seine Ruhe haben und hat kein Interesse an dem Welpen? Dann geben Sie ihm eine Rückzugsmöglichkeit. Achten Sie darauf, dass Ihr älterer Hund auf seinem Schlafplatz »sicher« vor dem Welpen ist. Das kann zunächst auch eine räumliche Trennung bedeuten. Hat Ihr erster Hund beispielsweise einen Lieblingsplatz in einem separaten Raum wie dem Gästezimmer oder Büro? Dann führen Sie ihn dort hin und zeigen dem Welpen gleichzeitig, dass dieser Bereich für ihn tabu ist. Diese räumliche Trennung kann im ersten Moment für den Menschen ein kleiner Schock sein. In Gedanken sah man sich voller Glück vom Sofa aus den beiden Hunden beim Toben zuschauen. Und die Wirklichkeit sieht nun so aus, dass der ältere Hund alleine im Büro schläft und der Welpe kein Interesse hat zu kuscheln, sondern lieber die Fernsehkabel anknabbern möchte.

Schauen Sie zunächst mal auf die Bedürfnisse der Hunde: Ihr älterer Hund fühlt sich vom Kleinen genervt und Sie geben ihm Schutz in einem für ihn bekannten und angenehmen Raum wie dem Büro. Es ist also kein Grund, ein schlechtes Gewissen haben zu müssen. Im Kern regeln Sie hier souverän eine Situation, mit der sonst alle frustriert wären. Natürlich ist das keine Dauerlösung. Aber je mehr Sie täglich zwischen den beiden regeln und für die Hunde verständlich handeln, indem Sie zum Beispiel Ressourcen wie etwa die Spielsachen zuteilen und die Hunde auch mal voneinander trennen, desto entspannter wird die Situation zwischen dem älteren und dem jungen Hund. Diese Art Erste-Hilfe-Tipp ist zwar weit weg von Ihrem Wunsch, alle zusammen im Wohnzimmer versammelt zu wissen, aber Ihr älterer Hund wird es Ihnen danken, wenn Sie ihm Ruhe gönnen und ihm den Welpen »vom Hals« halten.

ES MENSCHELT:
ERWARTUNGEN AN DEN WELPEN

Was sind eigentlich die Erwartungen, die zukünftige Welpenbesitzer an den kleinen Hund haben, der da in ihr Leben tappst? Die Wunschvorstellung ist meist folgende:

Wir holen den kleinen Welpen beim Züchter ab, er schaut uns mit großen Augen an und lässt sich widerstandslos ins Auto verfrachten, wo er vor Erschöpfung auf der Heimfahrt einschläft. Zuhause angekommen, erkundet er neugierig sein neues Heim, wie vorher im Ratgeber gelesen.

Zu Beginn ist er vielleicht noch etwas unsicher, aber schnell gewöhnt er sich an die neue Umgebung (wir haben ja gelesen: Hunde sind sehr anpassungsfähig). Auch wenn es zu Beginn noch das ein oder andere Missgeschick gibt (wir sind ja nicht unrealistisch und erwarten keine Wunder), er lernt schnell und passt sich unserem Tagesrhythmus an.

Wir gehen in die Hundeschule und schon bald beherrscht er das kleine Hunde-ABC, und abgesehen von ein paar kurzen Phasen der Rebellion (ja, ja, die Pubertät gibt es auch bei Hunden) entwickelt er sich mehr und mehr zu einem treuen Begleiter in allen Lebenslagen.

UND ZWISCHENMENSCHLICHE KONFLIKTE

Der Welpe ist süß und kuschlig, verspielt, anhänglich, will lernen und die Welt entdecken. Man hat richtig Spaß mit so einem tollpatschigen Clown.

Andere sprechen einen beim Spaziergang mit dem Hund an, wie süß er doch ist. Man hat viel zu erzählen mit so einem kleinen Wuschelhund!

Er ist aber auch gleichzeitig eine große Verantwortung. Der Alltag sieht gleich ein bisschen anders aus, man muss ja auch regelmäßig mit dem Hundekind raus. Und wenn er dann das erste Mal Sitz macht oder Platz oder eine Socke apportiert! Ein richtiges Erfolgserlebnis!

So oder so ähnlich ist, wenn wir ganz ehrlich zu uns sind, die Vorstellung, die wir davon haben, wie es mit unserem neuen kleinen Gefährten sein wird. Ein genauerer Blick auf unsere Wünsche für diese kurze Zeitspanne der ersten Tage und Wochen, die ein Welpe im neuen Heim verbringt, offenbart die Vielzahl der Erwartungen, die wir an unsere Hunde haben:

Vorstellung	*Zugrundeliegende Erwartung*
Der Welpe ist süß und kuschelig.	Wir können ihn so richtig gernhaben und er mag uns auch.
Der Welpe ist verspielt.	Er fördert unsere Aktivität.
Der Welpe ist anhänglich.	Ein Hund ist treu.
Der Hund will lernen und die Welt entdecken und ist dabei oft tollpatschig und lustig.	Man hat Spaß und Freude.
Andere sprechen einen beim Spaziergang mit dem Hund an, wie süß er doch ist.	Er hilft uns, zwischenmenschliche Kontakte anzubahnen.
Man hat viel zu erzählen mit so einem kleinen Wuschelhund.	Wir haben Gesprächsstoff durch den Hund.
Der Hund ist aber auch gleichzeitig eine große Verantwortung.	Wir übernehmen Verantwortung.
Der Alltag sieht gleich ein bisschen anders aus, man muss ja auch regelmäßig mit dem Hundekind raus.	Ein Hund strukturiert den Alltag.
Und wenn er dann das erste Mal Sitz macht oder Platz oder eine Socke apportiert! Ein richtiges Erfolgserlebnis!	Ja, und er bringt uns Erfolgserlebnisse.

Und das sind nur einige der Erwartungen, die wir an unsere Hunde haben.

Wünsche an den Hund

Die Diplom-Psychologin Dr. Silke Wechsung hat in einer umfangreichen wissenschaftlichen Studie die Mensch-Hund-Beziehung untersucht[1]. Mittels Interviews, Fragebögen und Beobachtung von Mensch-Hund-Teams hat sie zu erforschen versucht, was die Voraussetzungen für eine gute Mensch-Hund-Beziehung sind. Sie zählt in ihrer Studie folgende Gründe auf, warum Menschen sich einen Hund zulegen oder halten (nach Bergler, 2000):

- Das Bedürfnis nach Treue.

- Das Bedürfnis nach Verständnis.

- Beistand in schwierigen Situationen.

- Der Hund bringt einem Dankbarkeit entgegen.

- Wir erleben Sympathie und Zuneigung.

- Der Hund soll die Anbahnung zwischenmenschlicher Kontakte erleichtern.

- Er soll Gesprächsstoff innerhalb der eigenen Beziehung liefern.

- Der Hund soll Schutz geben – nicht nur körperlich, sondern auch psychisch. Der Hund bewacht uns gibt uns damit ein Gefühl der Sicherheit.

- Der Hund ist ein konstanter Beziehungspartner. Er ist immer da und schenkt uns gleichbleibende Zuneigung.

- Es macht Spaß und Freude, mit dem Hund zusammen zu sein und sich mit ihm zu beschäftigen.

- Ein Hund regt zu körperlicher Aktivität an.

- Der Alltag wird dadurch strukturiert, dass man sich um den Hund kümmern muss.

---

1 Wechsung, S (2010). *Die Psychologie der Mensch-Hund-Beziehung. Dreamteam oder purer Egoismus?* Cadmos Verlag, Schwarzenbek.

- Es gibt einem ein Gefühl der Verantwortung, wenn man einen Hund hat und gebraucht wird.

- Man hat Erfolgserlebnisse, wenn der Hund gehorcht oder sportlichen Erfolg hat.

- Ein Hund dient der Gesundheitsvorsorge.

- Zudem kann ein Hund ein Statussymbol sein, und er bringt soziale Anerkennung.

- Diese soziale Anerkennung steigert den eigenen Selbstwert.

- Manchen Menschen gibt es auch ein gutes Gefühl, Macht über den Hund ausüben zu können und ihn als abhängig zu erleben.

Man kann diese Gründe oder Motive in drei Bereiche einteilen: Emotionale Aspekte, soziale Aspekte und sogenannte funktionale Aspekte. Zu den emotionalen Aspekten gehören zum Beispiel der Wunsch nach Zuneigung, Verständnis, Treue oder Beistand in schweren Zeiten. Der soziale Bereich umfasst die Anbahnung zwischenmenschlicher Kontakte oder auch die Anerkennung, die man durch einen Hund erfahren kann. Funktionale Aspekte wären zum Beispiel die Tagesstruktur, die einem der Hund gibt, dass er ein guter Wachhund ist oder die Idee, dass ein Hund der Gesundheitsvorsorge dient.

Viele dieser Anforderungen können Hunde auch erfüllen. Manche sind sehr gute Wachhunde, die meisten Hundebesitzer fühlen sich tatsächlich sicherer mit Hund. Hunde können die reinsten Kuscheltiere sein, sie hören stundenlang zu (oder sehen zumindest so aus) und sie können sich auch sehr eng an einen Menschen binden. Die notwendigen Hundespaziergänge bringen Struktur in den Tag und Auszeiten in den stressigen Alltag. Vielen Menschen machen Spiel und Sport mit dem Hund großen Spaß. Hunde haben nachgewiesen positive Effekte auf die Gesundheit, so senkt allein die Anwesenheit eines Hundes den Blutdruck, die gesteigerte körperliche Bewegung und Freizeitaktivitäten im Freien verringern das Herzinfarktrisiko und heben die Stimmung. Hunde lernen in der Regel bei ausreichendem Training sehr schnell und sind erstaunlich gut in der Lage zu erkennen, was der Mensch von ihnen möchte – ob Gehorsam im Alltag oder sportliche Anforderungen.

Aber: ein Hund kommt nicht mit all diesen Fähigkeiten auf die Welt. Wenn er als Welpe zu uns kommt, ist er noch ein Hundebaby und vollauf damit beschäftigt, zu fressen, zu schlafen, sich zu lösen und in der wenigen restlichen Zeit seine Welt zu erkunden. Viele der an ihn gestellten Anforderungen kann er also nur nach langem und konsequenten Training zeigen und dies auch nur bei einer guten Bindung zu seinem Menschen.

Sie sagen jetzt möglicherweise, ja, klar, das ist ja logisch und nichts Neues. In Ruhe darüber nachgedacht, erscheint dies auch völlig offensichtlich. Aber mit einem zwölf Wochen alten Welpen im Haus denken wir nicht immer rational und ruhig. Denn für die allermeisten Menschen, die einen jungen Hund zu sich aufnehmen wollen, ist das ein großes Ereignis, auf das sie sich lange freuen und vorbereiten – es ist oft mit vielen und starken Emotionen verbunden:

- Vielleicht wünscht man sich schon ganz lange einen Hund (so war es zum Beispiel bei mir).

- Man hat vielleicht sehr viel Zeit und Energie in die Wahl des Hundes gelegt.

- Vielleicht hatte man schon früher einen Hund, den man sehr vermisst.

- Möglicherweise ist es aber auch der erste Hund, der da in das eigene Leben tritt, und man ist aufgeregt und etwas ängstlich, ob das denn alles gut laufen wird.

Wir starten die Beziehung zu diesem kleinen Wesen also oft mit starken Gefühlen und, wie wir eben erfahren haben, mit vielen Erwartungen!

Es wird aber noch komplizierter, denn unsere Erwartungen widersprechen sich zudem auch oft: Der Hund soll wachsam sein – aber nicht bei jedem Fußgänger, der draußen am Haus vorbei geht, bellen.

Er soll fröhlich sein und ausgelassen toben – aber bitte nicht bei Tante Ernas 80. Geburtstag.

Er soll uns trösten, wenn wir traurig sind – wenn wir wütend sind, soll er aber bitte nicht auch wütend werden.

Er soll intelligent sein und schnell lernen, soll sich aber keine Dummheiten einfallen lassen, wenn er einmal nicht gänzlich ausgelastet ist.

Das ist aber noch immer nicht alles. Es wird nämlich noch komplizierter.

Denn meist kommt ein Welpe ja nicht nur zu einer Person, sondern in eine Familie. Und jedes der Familienmitglieder hat andere Erwartungen an den Hund.

Mutter wünscht sich einen Kuschelhund, Vater möchte auf gar keinen Fall, dass er aufs Sofa kommt. Vater möchte einen Wachhund für das Haus, die Kinder sollen aber unbesorgt mit ihm spielen können.

Der eine wünscht sich einen aktiven, sportlichen Hund.

Dem anderen ist vor allem wichtig, dass der Hund den Alltag nicht stört.

Und es ist zudem noch oft so, dass sich einer aus der Familie den Hund besonders wünscht; dass also einer das Projekt Hund vorantreibt, nicht alle Familienmitglieder aber gleichermaßen vom Familienzuwachs begeistert sind. Oft werden dann Bedingungen formuliert: Ok, ich bin einverstanden, dass der Hund kommt. Er muss aber tagsüber alleine zuhause bleiben können.

Zusammengefasst kann man sagen: Wir haben viele verschiedene Erwartungen an den Hund, die sich zum Teil widersprechen und die zum Teil auch den Erwartungen unseres Partners oder unserer Kinder an den Hund widersprechen.

Die verschiedenen Typen von Hundehaltern

Diese Unterschiede in den Erwartungen spiegeln sich auch in der eben erwähnten Studie von Silke Wechsung wieder. Sie hat vor allem untersucht, welche Erwartungen Hundehalter an ihre Hunde haben und welche Unterschiede es zwischen den Hundehaltern diesbezüglich gibt. Man kann zusammenfassend eines sagen: Hundehalter sind sehr verschieden.

In der Studie zeigten sich vor allem drei typische Kombinationen von Erwartungen und Einstellungen dem Hund gegenüber, oder anders formuliert: Man kann drei Typen von Hundehaltern unterscheiden.

Wichtig ist in diesem Zusammenhang zu wissen, dass bei dieser Art von wissenschaftlichen Studien quasi Prototypen ermittelt werden, die immer nur bis zu einem gewissen Maß realen Menschen entsprechen.

Es gibt also natürlich nicht nur drei Arten von Hundehaltern, aber viele Hundehalter finden sich stark oder zumindest etwas in einem oder auch zwei der drei Haupttypen wieder. Wie kann man diese Arten von Hundehaltern nun beschreiben?

Typ 1: Ihm ist wichtig, dass sein Hund ihm Schutz gibt und er mit dem Hund weniger einsam ist. Gleichzeitig sind ihm das Aussehen und damit sicherlich auch die Rasse des Hundes sehr wichtig. Er kann mit dem Hund Ansehen und damit auch Selbstbewusstsein gewinnen. Silke Wechsung geht davon aus, dass 22 % aller Hundehalter sich in diesem Typus wiederfinden.

Typ 2: Dieser Hundehalter ist emotional stark an seinen Hund gebunden. Der Hund ist ihm engster Freund, Begleiter, eventuell sogar ein Partnerersatz. Er stellt die Bedürfnisse des Hundes in den Mittelpunkt und versucht, zum Teil mit großem Einsatz und Aufwand, dem Hund ein artgerechtes Leben zu ermöglichen. Zu dieser Gruppe der Hundehalter gehören 35 % aller Hundebesitzer.

Typ 3: Der dritte Typ von Hundehalter hält sich einen Hund vor allem aus zwei Gründen: Er möchte seine Naturverbundenheit ausleben und gemeinsam mit dem Hund aktiv sein und sich bewegen. Sport und Aktivität stehen also im Vordergrund. Er versucht zwar auch, die Bedürfnisse des Hundes rundum zu berücksichtigen, richtet sein Leben aber nicht einzig auf die Bedürfnisse des

Hundes aus, sondern legt auch Wert auf sein eigenes Sozialleben. Nach den Ergebnissen von Wechsung ist dies der zahlenmäßig größte Typus mit 43 % der Hundehalter.

Sie sagen nun vielleicht, ich kenne aber jemanden, der passt da gar nicht ins Schema. Oder vielleicht sogar: »Ich passe da aber gar nicht ins Schema!«.

Wie vorhin schon angesprochen, gibt es sicherlich viele Hundehalter, die sich in keinem der drei Typen wiederfinden würden, oder die Sie kennen und die Sie nirgends hier einordnen können. Wahrscheinlich würden aber alle Hundehalter zustimmen, dass sie die eine oder andere Erwartung aus obiger Aufzählung an Ihren Hund haben oder hatten.

Einen Hundehalter ohne Erwartungen gibt es nicht. Erwartungen sind menschlich. Sie ermöglichen uns, durch Beobachten und Lernen die Handlungen anderer oder auch zukünftige Ereignisse in unserem Umfeld vorherzusehen. Dies gibt uns Orientierung und Sicherheit in unserem sozialen Umfeld, ermöglicht uns Planung und erleichtert es uns, angemessen zu handeln.

Erwartungen sind aber auch geprägt von Wunschdenken. Aus der Hoffnung, etwas könnte so oder so werden (nämlich in der Regel schön und angenehm für uns), entsteht auch eine Erwartung an den anderen, sich so oder so zu verhalten.

Und genauso geht es uns mit dem kleinen Welpen. Wir wünschen uns eine schöne Zeit mit ihm und erwarten, dass er sich auf eine ganz bestimmte Art und Weise verhält und / oder entwickelt. Wir begegnen ihm mit ganz vielen Erwartungen. Und da wir Menschen sind, fällt es uns auch schwer, nicht unsere menschlichen Maßstäbe an Hunde anzulegen.

Wie schwierig es für uns manchmal ist, unsere artspezifischen Verhaltensweisen und Kommunikationsformen zu überwinden, beschreibt übrigens Patricia McConnell sehr schön in ihrem bekannten Buch »Das andere Ende der Leine«.

Was ist das Spezielle an der Beziehung Mensch-Welpe?

Wenn man zukünftige Hundehalter fragt, ob für sie auch ein Hund aus dem Tierheim in Frage käme, antworten viele spontan mit Nein. Als Grund dafür geben sie an: Man wisse bei einem Hund aus dem Tierheim ja nicht, was er in seinem bisherigen Leben alles erlebt habe. Ein Welpe hingegen sei noch ein unbeschriebenes Blatt, diesen könne man besser nach den eigenen Vorstellungen erziehen. Dahinter steht die Idee – also wieder eine Erwartung – ein Welpe wäre tatsächlich ein unbeschriebenes Blatt. Der Welpe ist aber kein unbeschriebenes Blatt. Er kommt zu uns mit all den Instinkten, die ihm seine Art vererbt hat, und mit allem, was er bisher von seiner Mutter und den Geschwistern gelernt hat.

Zudem löst ein Welpe in uns ähnliche Gefühle wie ein Säugling aus. Dieses Ansprechen auf das sogenannte Kindchenschema (großer Kopf im Verhältnis zum kleinen Körper, große Augen) ist uns angeboren. Es ist eine biologisch verankerte Reaktion, die dem Schutz des Nachwuchses dient – die beim Menschen aber generalisiert ist, das heißt, wir finden alle Lebewesen, die diesem äußerlichem Schema entsprechen »süß« und fühlen uns von ihnen angezogen.

Die meisten Menschen empfinden auch spontan den Impuls, das kleine Wesen zu beschützen und zu umsorgen. Wir entwickeln ganz automatisch Gefühle für den kleinen Welpen, wir werden also emotional und das heißt (siehe oben): wir reflektieren im Angesicht eines kleinen tollpatschigen Welpen in der Regel nicht zuallererst unsere Erwartungen, sondern stoßen entzückte »Aaaahhhs!« und »Oooohhhs« aus.

In gewisser Weise adoptieren wir den kleinen Hund, er springt mitten in unser Herz. Und das macht uns umso anfälliger für Enttäuschungen.

Und wie beeinflusst der Hund im Haus die Beziehungen zwischen den Menschen?

Wenn wir wissen, dass schon die Erwartungen des einzelnen frischgebackenen Hundehalters sich teilweise nicht erfüllen, dann ist offensichtlich, dass der Welpe nie und nimmer die widersprüchlichen Erwartungen aller Mitglieder seiner neuen Familie erfüllen kann. Es werden also in der Regel alle Beteiligten am Start ins neue Hundehalterleben Enttäuschungen erleben und bis zu einem gewissen Maß frustriert sein. Schlechte Stimmung in der Familie, während das kleine Hundekind fröhlich durchs Haus springt …

Zudem bedeutet ein Welpe in jedem Fall Mehrarbeit und Belastungen. So gibt es meist zu Beginn Schlafmangel, kaputte Möbel, Schuhe oder Fernbedienungen, es finden sich immer wieder Pfützen oder gar Haufen im Haus, zehn Mal am Tag, oder auch zwanzig Mal am Tag muss Klein-Bello vor die Tür gesetzt werden, Welpenschul- und Tierarzttermine stehen an, und so weiter und so fort.

Neben all den schönen Momenten ist ein Welpe im Haus eben für alle auch eine Belastung und ein Stressfaktor. Und in so einer Situation sind Konflikte zwischen den Familienmitgliedern nur natürlich. Bis hin dazu, dass die Anschaffung des Hundes grundsätzlich in Frage gestellt wird (»Ich habe Dir von Anfang an gesagt, dass ein Hund im Haus nur Probleme bringt!«).

Warum Erwartungen so wichtig sind

Erwartungen an sich sind nichts Schlechtes. Wie beschrieben, gehören sie zu uns Menschen und sind für uns grundlegender Bestandteil unseres sozialen Lebens, da sie uns Orientierung geben, unter anderem auch Grundlage unserer Bewertung von Erfolg und Misserfolg sind und unser Verhalten mitbestimmen.

Gleichzeitig liegt genau darin aber das Problem. Unsere Erwartungen bestimmen unser Verhalten.

In unserem Fall: Unsere Erwartungen an das kleine Hundekind, das in unser Leben einzieht, bestimmen unser Verhalten diesem kleinen Welpen gegenüber. Und sie haben auch großen Einfluss auf unsere Bewertung von Geschehnissen. Ist etwas erfolgreich verlaufen? War ein Ereignis ein Misserfolg? Das bewerten wir zu einem nicht unerheblichen Teil aufgrund der vorher – mehr oder weniger bewusst – formulierten Erwartungen.

Wenn ich die Erwartung habe, dass mein Welpe nicht bellt, weil ich gelesen habe, dass mein Welpe einer Rasse angehört, die sich so gut wie nie bellend äußert, werde ich es als Abweichung, Problem oder Misserfolg bewerten, wenn mein Welpe täglich seine Umwelt beschallt.

Wenn ich die Erwartung habe, dass mir mein Welpe überall hin folgt, da ich der Meinung bin, Welpen sind schutzbedürftig und schließen sich ihren Menschen ganz eng an, werde ich es als abweichend oder problematisch bewerten, wenn mein Welpe mich die ersten Tage im neuen Heim nur misstrauisch beäugt oder mir keinen Schritt folgt, auch wenn ich ihn noch so locke.

Wenn ich die Erwartung habe, in meinem Hund meinen besten Freund zu finden, und dieser mich dann schon im zarten Alter von 16 Wochen in die Hand beißt, werde ich das als gravierenden Misserfolg erleben und bewerten. Entweder ist mein Hund verhaltensgestört oder ich habe alles falsch gemacht, was man falsch machen kann! (Das war übrigens mein erster Gedanke, als die kleine Frieda mir vor fünf Jahren mit einem schnellen Schnappen vier Löcher in die Hand stanzte.)

Um das Verhalten unseres Welpen richtig bewerten zu können – und zwar richtig im Sinne unseres aktuellen Stands der Forschung zum Thema Hundeverhalten – müssen wir wissen, welche Erwartungen wir an unseren Hund haben und auch erkennen, welche dieser Erwartungen realistisch, derzeit unrealistisch oder gänzlich unrealistisch sind.

Kann mein Welpe das überhaupt? Oder kann er es erst, wenn er zehn Monate alt ist, weil er bestimmte Entwicklungsschritte durchlaufen muss? Oder wird er es vielleicht nie können, weil ein Hund so etwas einfach nicht kann?

Und auch für uns selbst ist es wichtig, unsere Erwartungen zu kennen und zu bewerten. Nichts bringt uns mehr Frustration und negative Gefühle im Zusammenhang mit unserem Welpen als enttäuschte Erwartungen.

DIE TURBULENZEN

Dieses Buch soll Sie, liebe Welpenbesitzer, ja gerade zu jenem Zeitpunkt abholen, wenn Sie sich in einer kleinen oder mittelschweren Welpenkrise befinden. Im Kapitel »Der Welpe zieht ein« habe ich die typischen Probleme nach dem Einzug eines Welpen beschrieben. Im folgenden Kapitel beschreibe ich weitere Situationen, die in den ersten Wochen mit Welpen meiner Erfahrung nach am problematischsten sind. Wenn der Welpe sich beispielsweise sein Halsband oder Brustgeschirr gar nicht anlegen lässt, sondern sobald er seinen Menschen mit dem Halsband in der Hand sieht, die Flucht ergreift – dann stellt das Welpenbesitzer schon vor ernsthafte Probleme. Und führt nicht selten zu Selbstzweifeln bei den frischgebackenen Hundeeltern. »Bin ich der Richtige für diesen Hund?« ist häufiger Gedanke. Ich verzichte an dieser Stelle bewusst auf ein Kapitel, in dem wir speziell auf das Erlernen von Grundsignalen wie Sitz und Platz eingehen. Für diese Standardlektionen der Welpenerziehung empfehle ich zum Beispiel das Buch: »Auf ins Leben«.

Diese Fußleisten waren einmal lackiert. Liv war es augenscheinlich langweilig.

GUT ÜBERSTEHEN

In der Ruhe liegt die Kraft

Der Wunsch nach einem Hund ist bei den meisten Welpenbesitzern bereits seit Jahren präsent, lange, bevor der Vierbeiner schließlich einzieht. Die Vorfreude ist riesig. Jeder zukünftige oder frische Welpenbesitzer hat oft ganz genaue Vorstellungen von dem tierischen Begleiter. Er soll seiner neuen Familie gegenüber aufgeschlossen sein, problemlos auf neue Eindrücke reagieren, uns auf Ausflüge begleiten und mit uns gemeinsam freudig durchs Leben gehen. Wenn die Vorstellung auf die Wirklichkeit trifft, entstehen so manche Stolpersteine. Warum das so ist, haben wir in Kapitel eins bis drei dieses Buches schon angeschaut.

Aber wie kommt man jetzt durch diese turbulente Welpenzeit? Denken Sie manchmal »Das schaffen wir nie!«? Hat Ihr Kleiner abwechselnd den Esszimmerstuhl angenagt und kurze Zeit später das Lieblingsspielzeug Ihres Kindes zerlegt? Ja, die erste Zeit mit einem Welpen ist eine turbulente Zeit. Versuchen Sie, ein Ziel nach dem anderen abzuarbeiten. Sie wünschen sich sehnlichst, dass Ihr Hund nicht mehr ins Haus macht? Liegt Ihr Hauptaugenmerk in diesem Moment auf der Stubenreinheit? Dann arbeiten Sie jetzt ganz konkret an diesem Punkt. Setzen Sie Prioritäten und setzen Sie sich selbst nicht unter Druck.

Das kleine Lebewesen lernt schnell, ist aber nicht unbegrenzt aufnahmefähig. Nicht alles, was Sie von Ihrem Hund später einmal erwarten, muss er in den ersten Wochen seines Lebens lernen oder beherrschen. Möchte Ihr Mann zum Beispiel unbedingt, dass er ohne Leine mit dem Hund spazieren gehen kann und Ihre Tochter möchte, dass der Hund apportiert? Alles zu seiner Zeit. Sie haben genug Zeit, überfordern Sie Ihren Hund nicht. »Viel hilft viel« wäre hier eher kontraproduktiv.

Hundeerziehung ist Beziehungsarbeit auf allen Ebenen, und diese benötigt Zeit. Klar, an einigen Stellen zehrt es an den Nerven und vielleicht werden Sie auch mal ungeduldig oder denken, das könnte alles schneller gehen. Aber wenn Sie möchten, dass Ihr Hund nachhaltig etwas lernt, dann geht das nur in kleinen, langsamen Schritten.

Manchmal kommt es genau dabei ja zu Konflikten innerhalb der Familie. Der eine empfindet ein Kapitel in der Hundeerziehung als äußerst wichtig, das für den anderen eher nebensächlich ist und noch Zeit hat. Um da unnötigen Stress zu vermeiden, ist es sinnvoll, gemeinsam eine Art Prioritätenliste zu erstellen.

Das gleiche können Sie natürlich auch machen, wenn Sie die alleinige Bezugsperson für den Welpen sind. Das Vorgehen schafft oft innere Ordnung. Am besten schreiben Sie auf, was Sie Ihrem Hund unbedingt beibringen möchten und

Ich habe doch gar nichts gemacht!

was aus Ihrer Sicht im Moment gerade Vorrang hat. Möchten Sie beispielsweise später einmal mit einem freilaufenden Vierbeiner durch den Stadtpark joggen? Und überlegen Sie jetzt, wann Sie mit dem Freilauf anfangen müssen?

Jetzt kommt die gute Nachricht: Vor dem vollendeten 18. Lebensmonat empfehle ich Ihnen nicht, mit Ihrem Hund zu joggen. Puh, ein Punkt kann schon nach hinten auf der To-Do-Liste verlegt werden! Verfahren Sie so mit allen Wünschen, die Sie in Bezug auf die Erziehung haben. Schreiben Sie Ihre Anforderungen und Wünsche an Ihren Hund einmal auf und schauen genau wie bei dem Joggen-Beispiel, was realistisch ist und was man ruhigen Gewissens etwas nach hinten schieben kann. Genaue Vorstellungen darüber, was ein Hund später einmal können oder tun soll, helfen diese später auch tatsächlich erfolgreich zu trainieren.

Das schafft nicht nur innere Ordnung, sondern kann Ihnen auch den Druck nehmen, diesem süßen kleinen Fellknäuel den Lernstoff eines halben Hundelebens direkt in die ersten 16 Wochen zu packen. Je klarer die Zielvorstellung von dem ist, was Ihr Hund später einmal tun muss beziehungsweise können soll, desto erfolgreicher kann es trainiert werden. Formulieren Sie so klar wie möglich, welchen Trainingserfolg Sie anstreben. Wenn Sie zum Beispiel nicht möchten, dass Ihr Hund andere Menschen zur Begrüßung anspringt, schreiben Sie auf Ihre To-Do-Liste das Lernen von Begrüßungssituationen.

Stubenreinheit trainieren

Wer einen Welpen großzieht, wird niemals verhindern können, dass nicht doch einmal ein Malheur im Haus passiert. Und genau als dieses sollten Sie Pfützen oder Haufen im Haus betrachten. Vermuten Sie keine Protestaktion hinter dem Handeln Ihres Hundes. Löst der Welpe sich im Wohnzimmer, dann hat er es schlicht noch nicht anders gelernt. Jetzt sind Sie gefragt, zeigen Sie ihm, dass es bessere Orte dafür gibt. Dazu gehört auch das häufige Hinaussetzen in den Garten, wenn Sie vermuten, dass es jetzt seine Zeit fürs Lösen wäre. Wie oft das notwendig ist, kann von Welpe zu Welpe verschieden sein. Empfehlenswert ist, den Kleinen in jeder Wachphase ein bis zwei Mal hinaus zu setzen. Macht er dann dort draußen, loben Sie ihn eifrig dafür. Um den Prozess des Stubenreinwerdens zu beschleunigen, ist es sinnvoll, den Welpen immer an die gleiche Lösestelle im Garten oder Grünfläche vor Ihrem Haus zu setzen.

Erinnern Sie sich an mein »mach mal piesch piesch-Erlebnis« aus Kapitel eins? Ich verbrachte den halben Januar auf dem Grünstreifen vor meiner Wohnung, vornehmlich nachts. Die zwei Wochen kamen mir sehr, sehr lange vor.

Ein toller Erfolg: Der kleine Golden Retriever löst sich im Garten.

Rituale, wie etwa den Hund stets nach jedem gemeinsamen Kuscheln und nach jedem Spiel und nach jedem Fressen immer an den gleichen Platz zum Lösen bringen und dies nach jedem Aufwachen des Kleinen zu wiederholen, können den Prozess des Stubenreinwerdens beschleunigen. Die Wahrscheinlichkeit, dass Ihr Hund sich nach dem Schlafen lösen muss, ist ziemlich groß. Halten Sie also an den Ritualen fest, möge das Nickerchen des Hundes auch noch so kurz gewesen sein. Soll der Erfolg jedoch nachhaltig sein, müssen die Rituale konsequent verfolgt werden. Rituale schlafen auch nachts nicht. Wird Ihr Kleiner in der Nacht unruhig, nehmen Sie ihn behutsam auf den Arm und setzen Sie ihn auf die bekannte Lösestelle. Am besten leinen Sie Ihren Hund dabei an, sonst kommen Sie wahrscheinlich nicht trockenen Fußes zum Ziel, da er sich auf dem Weg nach draußen lösen wird. Hat Ihr Hund sich draußen gelöst? Ein zustimmendes Nicken würde vermutlich in Anbetracht der Uhrzeit und der Müdigkeit aus Menschensicht reichen. Ihr Hund hört das Nicken aber nicht. Loben Sie ihn verbal.

Manche von Ihnen möchten ihrem Hund sicher auch einen »Piesch-Befehl« beibringen. Das heißt, Sie bringen Ihrem Vierbeiner bei, dass er sich auf ein bestimmtes Wort hin löst, was durchaus praktisch ist – wenn der Hund erst Wort und Tätigkeit miteinander verknüpft hat. Bis dahin wird das Wort allein den Lernprozess des Stubenreinwerdens nicht entscheidend beschleunigen. Um die Verknüpfung aufzubauen, benennen Sie zunächst etwa zwei Wochen lang jedes Lösen mit dem »Piesch-Befehl« und loben Ihren Welpen gleichzeitig verbal. Ein Wort wie beispielsweise »mach fein« eignet sich dafür. Den ersten Test, ob das Wort schon konditioniert ist, machen Sie am besten auch im Garten oder vor der Haustür eben an der vertrautesten Lösestelle Ihres Hundes. Führen Sie ihn an den Löseplatz und sagen den »Piesch-Befehl«, löst er sich darauf hin, ist das Wort bereits erfolgreich konditioniert. Sollte der Welpe sich auf das Wort hin nicht lösen, hat er das Wort noch nicht mit der Handlung verbunden. Dann führen Sie die Konditionierungsphase etwa eine weitere Woche fort. Ein konditioniertes Wort wie »mach fein« kann später sehr praktisch sein – zum Beispiel, wenn Sie mit Ihrem Hund ein Restaurant besuchen möchten und wissen, dass Ihr Hund jetzt eine gewisse Zeit keine Gelegenheit mehr haben wird, sein Geschäft zu verrichten.

Nur nicht nervös werden

Werden Sie langsam nervös, weil Ihr Hund noch nicht stubenrein ist? Viele Hundebesitzer berichten mir, dass ihr Welpe sich auf den ersten Entdeckungsspaziergängen nicht löst, scheinbar sein Geschäft bewusst zurückhält und sich erst in der Wohnung, also in der für ihn sicheren Höhle, löst. Auch dann steckt keine böse Absicht des Hundes dahinter! Betrachten Sie auch hier die individuelle Situation: Wie zuverlässig löst sich der Hund schon im Garten? Passiert immer noch ein Malheur im Haus? Dann ist der Hund noch nicht stubenrein und er macht nicht mit Absicht ins Haus. Sollte er sich auf einem Spaziergang nicht gelöst haben, setzen Sie ihn bewusst, nachdem Sie nach Hause kommen sind, an seinem gewohnten Löseplatz ab und warten dort ein bisschen. Löst sich der Welpe nicht innerhalb von ein, zwei Minuten, gehen Sie mit ihm wieder ins Haus, beobachten ihn genau und setzen ihn immer mal wieder auf seinen Löseplatz. Wenn Sie zu lange draußen bleiben, in der Hoffnung, dass er sich löst, wird der Welpe den direkten Zusammenhang von Lösen und Garten nicht verstehen. Sollte er sich nicht lösen, dann erhöhen sie die Intervalle des Hinaussetzens, jedoch nicht die Verweildauer.

Sie üben das erste Stadttraining und haben Ihren kleinen Welpen vorher sich lösen lassen – und ausgerechnet im Einkaufscenter muss der Welpe dann mal? Oder an anderen eher unangenehmen Orten? Wie damals Klein-Frieda – heute kann Barbara über diese Anekdote lachen, damals trieb ihr die Situation eher den Angstschweiß auf die Stirn. Barbara war stolz, einen so stadttauglichen Welpen zu haben. Trotz des schon beschriebenen U-Bahn-Erlebnisses stieg der Doodle-Welpe jeden Morgen freudig in die U-Bahn. An jenem sonnigen Frühlingstag ging die Fahrt jedoch nicht wie üblich ins Büro, sondern zum Flughafen: Herrchen sollte am Vormittag von einer Geschäftsreise zurückkehren. Dummerweise aber zu einer Uhrzeit, zu der Frieda normalerweise im Stadtpark ihre erste Vormittags-Pause abhält. Doch Barbara richtete sich genug zeitliche Puffer ein. Sie ging ungefähr 30 Minuten vor dem Flughafen auf und ab. Jede kleinste Bepflanzung ließ in Barbara einen Hoffnungsschimmer aufkeimen, dass der kleine Hund sich hier lösen konnte. Während die Hunde anderer Passagiere scheinbar wie Vielflieger direkt an dem ersten Baum ihr nötiges Bedürfnis verrichteten, schien Frieda eine Art »Wetten-Dass ich die Farben von Stiefmütterchen am Geruch erkenne« abzuhalten. Minutenlang schnüffelte Frieda äußerst interessiert an den Blumen, doch nach »Piesch-Piesch« war ihr nicht.

Die Anzeigetafel zeigte an, dass Herrchen bereits gelandet war, also nix wie rein ins Gebäude. Und dann kam es wie es kommen musste: Während Barbara stolz wie Bolle in der großen Halle des Flughafens auf Friedas Herrchen wartete, überkam Frieda ein dringendes Bedürfnis: direkt am Erste Klasse-Check-In am Hamburger Flughafen setzte Frieda einen Haufen. In diesem Moment wünschte sich Barbara nichts mehr, als das der frischgewischte Hochglanzboden sich einfach öffnete und sie mit Frieda hätte verschwinden können.

Kennen Sie solche Situationen? Gehen Sie nicht zu hart mit sich ins Gericht und schon gar nicht mit Ihrem Welpen. Auch bei meinen Welpengruppen, wenn wir beispielsweise für das Stadttraining in einem Einkaufscenter trainieren, habe ich Tücher zum Wegwischen und die klassischen »Kotbeutel« dabei. Praktisch ist auch eine Plastiktüte, in der man dann im Fall der Fälle es alles entsorgen kann. Denken Sie immer daran: Es ist ein Hundebaby. Ist Ihr Hund bereits stubenrein, aber löst sich ausschließlich im Garten und nicht auf den Spaziergängen? Auch da muss man individuell schauen. Wie lange ist Ihr Hund schon zuverlässig stubenrein, dass er sich wirklich nur im Garten löst? Ist der Welpe von Natur aus eher ängstlich und hat vor lauter neuen Eindrücken in der großen weiten Welt gar keine Zeit, sich »draußen« wirklich zu lösen? Dann fahren Sie mit Ihrem Welpen an einen schönen Platz, an einen Fluss oder Feld oder ein Waldstück. Zeigen Sie ihm die Umgebung und spielen Sie ausgelassen mit ihm. Wenn die Jahreszeit es erlaubt, packen Sie eine Decke mit ein und setzten Sie sich entspannt mit Ihrem Welpen darauf. Und genießen Sie die Zeit. Wenn Sie merken, dass er unruhig wird, gehen Sie ein paar Schritte mit ihm auf der Wiese umher, löst er sich, loben Sie ihn eifrig. Schaffen Sie auch bei den Ausflügen ähnliche Bedingungen wie im Garten. An einem für den Welpen fremden Waldstück kurz zu halten und zu erwarten, dass der Welpe sich hier mal eben löst, ist für den Kleinen unlogisch.

Die erste große Fahrt

In den ersten Tagen mit einem kleinen Welpen ist an ein Alleinelassen des Hundes natürlich noch nicht zu denken. In den meisten Fällen muss der Welpe also schon in den ersten Tagen in seinem neuen Zuhause seine Menschen zu Fahrten im Auto begleiten.

Aller Wahrscheinlichkeit wird jeder Welpe spätestens an dem Tag, an dem er zu seiner neuen Familie kommt, das erste Mal Auto gefahren sein. Diese Premiere muss aber nicht unbedingt der Gradmesser sein, ob der Hund in Zukunft ein entspannter Autofahrer sein wird. Es gibt Hunde, die am Abholtag scheinbar problemlos Auto fahren.

Auf Frauchens Schoß verschlafen sie seelenruhig die erste Fahrt ins neue Zuhause. Beim ersten Ausflug im neuen Zuhause ist von dem entspannten

Liv und Jane nehmen sich Zeit fürs Autotraining. Liv darf Futter am Auto suchen.

Hund vom Abholtag dann keine Rede mehr. Dann wieder gibt es Hunde, die erleben die Fahrt vom Züchter nach Hause als äußerst belastend, viele übergeben sich oder winseln und die zweite Fahrt im neuen Zuhause meistern sie dann wie ein alter Hase.

Es gibt zahlreiche Gründe, warum ein Welpe kein Autofahren mag und nun während des Fahrens unruhig ist oder sogar jault.

Was sind die ersten Schritte, wenn der kleine Hund das Autofahren nicht mag?

Um ein Lernziel zu erreichen, ist es wichtig, den Grund für die Probleme zu kennen. Während bei einem erwachsenen Hund, der noch nie in seinem Leben in einem Auto gesessen hat, eher das Problem besteht, dass die Hunde gar nicht einsteigen wollen, sind die Baustellen beim Welpen andere. Schließlich hebt man die Welpen aus rein anatomischen Gründen ja sowieso ins Auto, somit entfällt das selbstständige Ein- und Aussteigen ja zunächst einmal.

Langsam fasst Liv Mut und traut sich, aufs Auto zuspringen. Dafür wird sie von Jane belohnt.

Viel typischer ist, dass Welpen während einer Autofahrt jaulen oder nicht zur Ruhe kommen. Dann gilt es abzuklären: Sitzt der Hund auf der Rückbank und jault, weil er seine Menschen nicht sieht? Eventuell ist das die einzige Situation am Tag, in der der Hund komplett von Ihnen ignoriert wird und er nicht in Ihrer unmittelbaren Nähe sein kann. Fühlt er sich dort hinten alleine? Das können Sie leicht testen: Setzen Sie eine dem Welpen vertraute zweite Person neben ihn. Diese sollte möglichst nicht mit dem Hund sprechen, um den Test nicht zu verfälschen. Fahren Sie eine Runde um den Block. Ist der Welpe jetzt entspannt und legt sich ohne zu jaulen hin? Dann fühlt er sich hinten vermutlich einfach einsam. Variante eins wäre nun, dass die ersten Tage stets eine Person mit auf der Rückbank sitzt. So kann der Kleine sich mit der neuen Situation »Autofahren« vertraut machen, ohne die zweite neue Situation »weit weg« von Frauchen ertragen zu müssen. Häufig sind zwei neue Dinge auf einmal problematisch für den Welpen. Wenn diese Lösung nicht möglich sein sollte, empfehle ich Folgendes: Oft hilft am Anfang auch eine Veränderung des Sitzplatzes – sinnvoll kann ein Platzwechsel des Welpen auf den Beifahrersitz sein. Selbstverständlich stets unter Berücksichtigung der aktuellen Gesetzeslage

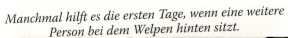

Manchmal hilft es die ersten Tage, wenn eine weitere Person bei dem Welpen hinten sitzt.

zum Thema »Ladesicherung«. Ein falsch gesicherter Hund kann nicht nur im Falle eines Unfalls sehr gefährlich sein, sondern wird schlicht auch mit einem Bußgeld bestraft. Im gut sortierten Tierbedarf gibt es spezielle Brustgeschirre mit einer Anschnallhilfe zum Autofahren. Das sind in der Regel ganz kurze Leinen, die an der einen Seite einen Karabinerhaken zum Befestigen am Brustgeschirr haben und an der anderen Seite statt einer gewohnten Handschlaufe über ein Gurtschloss verfügen, mit dem Sie den Hund im Auto sicher anschnallen können.

Kann keine weitere Person die ersten Fahrten begleiten und kommt für Sie auch kein Platzwechsel des Hundes in Frage? Dann müssen Sie ihren Hund langsam an das Autofahren gewöhnen. Wenn er in einer Box im Auto mitfahren soll, muss dies noch einmal separat im Auto geübt werden. Nur weil der Hund im Haus die Box toleriert, muss er das nicht zwangsläufig auch im Auto tun. Das Boxtraining darf nicht unterschätzt werden. Je nach Charakter eines Hundes kann das schon eine Zeit in Anspruch nehmen (siehe Kapitel »Mag der Welpe sein Körbchen nicht leiden?«).

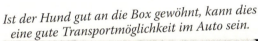

Ist der Hund gut an die Box gewöhnt, kann dies eine gute Transportmöglichkeit im Auto sein.

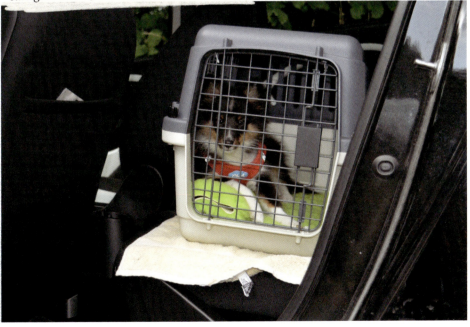

Wenn der Hund Sie gesichert auf der Rückbank beim Autofahren begleiten soll, belegen Sie die Situation an sich zunächst positiv. Starten Sie das Training bei ausgeschaltetem Motor. Heben Sie ihren Kleinen auf die Rückbank und belohnen seinen Mut mit einem Leckerli. Machen Sie ihm den Aufenthalt im Auto sprichwörtlich schmackhaft. Frisst der Hund die Leckerchen, ist dies auch ein wichtiger Indikator für den weiteren Trainingsweg. Nimmt der Welpe Nahrung auf, so ist er in dieser Situation noch nicht sehr angespannt und Sie können mit dem Gewöhnen fortfahren. Wiederholen Sie die Übung mehrmals am Tag für etwa drei bis vier Tage. Der Welpe soll das Sitzen auf der Rückbank ausschließlich positiv mit Futter verknüpfen. Bevor die nächste Fahrt wirklich losgeht, muss der Hund die Situation kennengelernt und als angenehm empfunden haben, dann spricht nichts gegen eine entspannte Fahrt für Mensch und Hund.

Wenn der Welpe den Stadtbummel boykottiert

Sind Sie gerade an dem Punkt, an dem sich Ihr Welpe keinen Meter vor oder zurück auf dem Fußweg bewegt? Und Sie wollten eigentlich mit dem Welpenspaziergang etwas verbinden oder gar erledigen? Das ist in den ersten Wochen eher nicht zu empfehlen, denn hier kollidieren oft das erste Mal die Bedürfnisse von Hund und Mensch ganz entscheidend. Der Welpe fordert die volle Aufmerksamkeit seines Menschen, da bleibt für parallele Aktivitäten wie Schaufensterbummel oder ähnliches keine Zeit. Hier schleicht sich schnell der erste Frust ein. Sehen Sie es doch mal so: Sie haben die Chance, für Ihren kleinen Hund zum Helden zu werden, der ihm die Welt zeigt. Ich persönlich finde es eher schade, wenn ich Menschen mit einem Welpen an der Leine durch die Fußgängerzone laufen sehe, die dem kleinen Hund keine Beachtung schenken. »Aber muss der Welpe nicht lernen, dass er nicht ständig beachtet wird?« sind dann häufige Fragen von Kunden. Ja sicher, der Welpe spielt nicht immer die Hauptrolle. Aber er wird auch nicht besonders viel lernen, wenn man ihm in für ihn neuen Situationen keinerlei Beachtung schenkt.

Zuhause klappt das Training mit Rocky schon gut. Nun üben sein Frauchen und er auf einem öffentlichen Parkplatz Grundsignale.

Schmunzeln Sie gerade über diese Problemchen, weil Sie diese auch gern hätten? Beim Stadtbummel den Hund einfach ignorieren? Kommen Sie mit Ihrem Hund keinen Zentimeter vorwärts, weil er einfach sitzen bleibt? Wie erste Erkundungsspaziergänge aussehen könnten, haben wir im Kapitel zwei beschrieben. Sind Sie gerade mit Ihrem Hund eine kurze Strecke mit dem Auto zu einem nahen Waldstück gefahren, um ihm eine neue Umgebung zu zeigen? Und jetzt steht der Hund vor dem Auto und möchte sich nicht entfernen? Starten Sie dann am besten direkt am Auto mit einer kleinen Trainingseinheit.

Wenn Ihr Hund zuhause schon erste Grundübungen wie »Sitz« beherrscht, dann üben Sie mit ihm Sitz direkt dort am Auto. Macht er das, belohnen Sie ihn mit einem Leckerli. Gewinnt Ihr Hund nach ein paar Wiederholungen an Sicherheit, starten Sie doch dort am Parkplatz ein erstes kleines Suchspiel. Legen Sie etwa zwei Meter von Ihrem Hund entfernt gut sichtbar ein paar Leckerlies hin und ermuntern Sie ihn zum Fressen. Kennt Ihr Welpe das Suchspiel schon aus dem Garten, können Sie es etwas schwieriger gestalten, also einen Meter weiter weg vom Hund. Führen Sie all diese Übungen mit Schleppleine am Brustgeschirr durch und lassen Sie Ihren Welpen in ungewohnter Umgebung niemals unangeleint.

Die Ablenkungen werden weiter erhöht: Rocky übt mit seinem Frauchen an verschiedenen Orten.

Der Welpe mag Halsband und Leine nicht

Viele Welpen wurden schon beim Züchter an Halsband und Leine gewöhnt. Doch nicht alle finden das Angeleintsein im neuen Zuhause auch genauso gut. Als Mensch fühlt man sich dann schnell veräppelt: Man kauft eine schöne Leine und sucht das erste Welpenhalsband liebevoll aus, und dann steht man da im Flur oder vor der Haustür und versteht seinen Hund nicht. Eben noch ein entspannter Zeitgenosse, doch sobald der Karabinerhaken am Halsband befestigt ist, hängt der Welpe auch schon mit den Zähnen in der Leine und zerrt daran herum, oder er nimmt gleich die Hand seines Besitzers als Beißring. Genauso oft gibt es aber auch das völlige Gegenteil: Statt wie wild an der Leine herumzuzerren, nehmen genauso viele Welpen Reißaus, sobald sie sehen, dass ihr Mensch Halsband und Leine anlegen möchte.

Die Gründe dafür sind vielfältig. In jedem Fall ist es zu empfehlen, das Anleinen schon Zuhause zu üben, bevor es das erste Mal richtig hinausgeht. Verbinden Sie das Anlegen von Halsband und Geschirr mit einer Leckerligabe. Dann belegen Sie das Anlegen gleich positiv.

Kaum hat Frauchen das Geschirr in der Hand, läuft Money weg.

Frauchen belohnt Money mit der Stimme, wenn sie sich traut, in ihrer Nähe zu bleiben – auch, wenn sie das Geschirr in der Hand hält.

Gehen Sie dabei in kleinen Schritten vor. Nicht gleich das Halsband schließen und umlassen, sondern die Gewöhnung in kleinen Teilschritten mit dem Hund üben. Klappt das im Haus oder Wohnung gut, setzten Sie das Gleiche im Garten um. Und viel weiter muss er auch gar nicht gehen. Aus der Haustür mit Halsband und Leine in den Garten oder Vorgarten das ist der erste Ausflug. Zeigen Sie dem Kleinen seine Umgebung und dass man auch mit Halsband und Leine die Welt gemeinsam entdecken kann.

Das Anlegen des Geschirrs ist Money sichtbar unangenehm.

Der erste Ausflug vom Grundstück herunter kommt noch früh genug! Spielen Sie erst einmal mit Ihrem Hund im Garten und bauen Sie das Anlegen von Halsband oder Brustgeschirr dabei behutsam auf. Gewöhnung heißt hier das Zauberwort – überfordern Sie Ihren Welpen nicht. Das erste Mal das neue Brustgeschirr umhaben und dann gleich auf einen Spaziergang, das ist für die Kleinen zu viel. Einen Schritt nach dem anderen.

Warum kann der Welpe nicht frei laufen?

Die Verlockung ist oft sehr groß, den kleinen Hund ohne Leine über die Wiese toben zu lassen. Hat ein Paar gemeinsam einen Welpen, ist diese Frage häufig der erste ernsthafte Konflikt in Bezug auf die Erziehung des Hundes. Die Frauen sehen das nämlich oft gar nicht so und sind eher unsicher, ob der Welpe nicht doch mal wegläuft und führen ihren Hund lieber an der Schleppleine. Der Mann hingegen lässt den Hund gerne frei laufen. Bei dieser Konstellation erlebt der kleine Hund neben dem Konflikt seiner Besitzer vor allen Dingen zwei völlig verschiedene Arten eines Spaziergangs: Lässt Herrchen ihn ohne Leine frei laufen und er darf seine Welt alleine erkunden, lernt er, dass sowohl Mensch als auch Hund eigenständig, also selbstständig den Spaziergang bestreiten. Soll der Hund bei seinem Frauchen bei Fuß etwa neben dem Kinderwagen nebenherlaufen, sammelt er die Lernerfahrung, dass er wenig beachtet wird und dass er sich nicht weit vom Kinderwagen entfernen darf. Diese beiden völlig verschiedenen Ansätze werden den Welpen irritieren und er wird beide auf seine

»Ich höre dich nicht!«, scheint Money zu denken.

Weise in Frage stellen. Am schwierigsten wird es für das Frauchen sein: Der Welpe wird nicht verstehen, warum er bei ihr nicht frei sein kann und wird an der Leine ziehen, um schneller voranzukommen und einen größeren Radius zu bekommen. Der Welpe hält durch die beiden verschiedenen Konzepte seine Menschen für unlogisch, weil sie nicht beständig sind und ihm keine Orientierung bieten.

Wenn die Zielvorstellung ist, dass der Hund zum einen freilaufend den Spaziergang begleitet und immer sicher abrufbar ist und zum anderen das er ziemlich bald im Fuß neben dem Kinderwagen herläuft, macht hier wieder die schon erwähnte To-Do-Liste Sinn. Während ein erwachsener gut ausgebildeter Hund später munter zwischen Freilauf und Fuß wechseln kann, muss ein Welpe beide Arten separat voneinander lernen. Also Schritt für Schritt. In diesem Beispiel empfehle ich: Den Hund im freien Gelände nicht frei laufen zu lassen, sondern stets an der Schleppleine in Verbindung mit einem Brustgeschirr zu führen. Der erste Schritt zu einem verlässlichen Rückruf ist, ihn an der Schleppleine zu führen. Notieren Sie auf der To-Do-Liste: kein Freilauf auf ungesichertem Gelände.

Bevor Money frei laufen darf, wird der Rückruf im Garten trainiert.

Viele interpretieren den Folgetrieb fälschlicherweise als eingebaute Rückruf-Garantie. In den ersten Tagen entfernen sich die meisten Welpen auch tatsächlich im Freilauf kaum von ihrem Menschen. Doch zu welchem Zeitpunkt der Kleine dann seinen Radius erweitert und sich unkontrolliert von seinem Rudel entfernt, ist so etwas wie Lotteriespiel. Deshalb ist das Training mit der Schleppleine sehr sinnvoll.

Wer das erste Mal eine Schleppleine in der Hand hält, findet das Handling meistens mühsam. Doch ich versichere Ihnen: nach ein, zwei Tagen haben sie sich daran gewöhnt. Und die Schleppleinen-Phase ist aus meiner Sicht ein wichtiger Teil auf dem Weg zu einem sicher abrufbaren Hund. Möchte man dem Welpen zum Beispiel auf einer Wiese etwas mehr Freilauf gewähren, gibt man dem Hund etwas mehr Radius oder lässt die Schleppleine fallen, also »schleppen«, und beschäftigt sich mit dem Kleinen. Dann können Sie wunderbar die Anfänge von Rückruf trainieren. Durch die Sicherheit der Schleppleine schließen Sie Misserfolge beim Rückruf aus.

Zurück zum Beispiel von oben: Genau wie der Freilauf ohne verlässliches Rückrufsignal nicht ratsam ist, kann der Welpe ohne vorheriges Training eben nicht dauerhaft mit durchhängender Leine artig neben dem Kinderwagen herlaufen. Dass der kleine Hund über große Strecken gut an der Leine laufen kann, muss schrittweise geübt werden. Die Leinenführigkeit ist ein sehr komplexes Thema der Hundeerziehung. Auf der To-Do-Liste sollte also zunächst stehen: Gewöhnung an den Kinderwagen. Wenn der Welpe am Kinderwagen mitlaufen soll, trainieren Sie es schrittweise. Das hängt dann stark vom jeweiligen Hund ab. Manchen finden das komische Gefährt auf vier Rädern an sich schon sehr unheimlich, diese Welpen muss man dann zunächst im sicheren Zuhause von der Unbedenklichkeit eines Kinderwagens überzeugen, indem man zum Beispiel Futtersuchspiele rund um den Kinderwagen macht. Kennt der Welpe vor diesem Gegenstand hingegen keine Furcht, dann können Sie direkt mit dem Kinderwagen-Training starten. Da empfiehlt es sich, an kurzer Leine und Halsband samt Kinderwagen ein paar Runden im eigenen Garten oder direkt vor dem Haus oder an einer ruhigen Ecke unmittelbar in der Nähe der Wohnung erste Schritte zusammen zurückzulegen. Toleriert der Welpe das gemeinsame Gehen, dann belohnen Sie ihn mit einem Leckerli oder mit Ihrer Stimme oder mit einem kleinen Spiel. Funktionieren die Trockenübungen mit Kinderwagen im Haus und Garten? Dann verbinden Sie im nächsten Schritt die kurzen Erkundungsspaziergänge mit dem Training am Kinderwagen. Ist in unmittelbarer Nähe ihres Zuhauses eine Wiese oder ein Feld, auf dem Sie mit Ihrem

Welpen spielen können? Wunderbar, dann verbinden Sie den Weg dorthin mit dem Trainieren vom Laufen am Kinderwagen (das sollte aber nur wenige Minuten dauern). An der Wiese angekommen leinen Sie Ihren Welpen an Brustgeschirr und Schleppleine und spielen Sie als Belohnung ausgiebig mit ihm auf der Wiese.

Betrachten Sie den Welpen wie ein Buch mit lauter leeren weißen Seiten, die erst noch gefüllt werden müssen. Nur eine einzige beschriebene Seite im hinteren Teil des Buches würde nichts nützen, man benötigt auch die vorderen Seiten, um den Inhalt zu verstehen. Wenn also Ihr Wunsch ist, dass Ihr kleiner Welpe artig neben dem Kinderwagen herläuft, müssen sie erst ein paar weiße Seiten vorher mit Training füllen.

Der Welpe flippt bei jedem Besuch aus

Sherlock nutzt den kleinsten Spalt und entwischt durch die Tür.

Freudiges Po-Wackeln, ungestümes Hochspringen, forderndes Schlecken an der Hand – einen Welpen zu ignorieren, fällt wirklich schwer. Jeder Hundemensch geht mit Herzchen in den Augen aus der Begegnung mit so einem kleinen Fellknäuel heraus – es soll aber auch Menschen geben, die diese Art von Begrüßung sogar bei einem Welpen nicht schätzen. Durchlöcherte Socken, Kratzer an Armen und Händen, angesabberte Pullover? Der Glamourfaktor ist dem Welpen egal!

Aber in der Realität ist es nicht etwa so, dass Menschen mich anrufen und sagen »Hilfe, mein Welpe flippt bei Besuch aus«, sondern es hört sich vielmehr in etwa so an: » Hilfe, meine Gäste flippen vor Freude total aus!«. Haben Sie schon einmal versucht, einem Welpen beizubringen, dass er ruhig abwartet, bis seine Menschen die Haustür öffnen und den Besuch hineinlassen? Vermutlich schon. Die ersten Tage im neuen Zuhause verlaufen in Bezug auf das Empfangen der Gäste meist noch vielversprechend und die meisten Welpen verschlafen die Ankunft von Besuchern einfach.

Klingel? Keine Reaktion. Doch nicht für lange: Man kann fast die Uhr danach stellen, bis sich das ändert. Die kleinen Vierbeiner sind Weltmeister im Beobachten. Und eins, zwei, drei nachgedacht – die Klingel steht für großes Gewusel rund um die Haustür, so die Schlussfolgerung des Welpen.

Bald schon beschließt der Welpe, der erste an der Haustür zu sein, um nichts zu verpassen. Verzückte Laute schlagen ihm dann entgegen: »Oh, ist der süüüüüüüüß« oder »Nein, wie nieeeeeeeeedlich!«

Man muss kein Prophet sein, um die Lernkette des Welpen vorauszusagen. Wer würde bei so einer Begrüßung jegliche Wiederholung nicht dankend annehmen?

Manchmal denke ich, dass es Wettlauf-zur-Tür-Weltmeisterschaften unter den Welpen geben muss. So, als ob es für den Menschen unsichtbare Verabredungen und Verbindungen zwischen den Welpen in einer Stadt gäbe und jedes Klingeln eine Trainingseinheit wäre, wer es in weniger Sekunden schafft.

Natürlich gibt es auch Ausnahmen. Je nach Temperament gibt es Hunde, die erst einmal abwartend im Flur stehenbleiben und sich die Situation aus dem Hintergrund anschauen. Der Impuls der Menschen ist dann meist, in die Hocke zu gehen und den Welpen zu sich zu locken. Dieser Drang ist scheinbar so tief in uns verankert, dass nahezu jeder Mensch quasi »krampfhaft« versucht, einen Welpen, der nicht sowieso von ganz alleine angerannt kommt, zu sich zu locken. Und da sind wir wieder bei dem Hilfeschrei meiner Kunden »Hilfe, meine Gäste flippen total aus«.

Jeder Welpenbesitzer kennt die Situation: Die guten Vorsätze für die Erziehung des Kleinen sind felsenfest beschlossen – und dann kommt doch alles anders. Besonders beim Begrüßen von Besuch zeigt sich in der Praxis, dass die Trainingsvorsätze meist schneller über Bord geworfen werden, als sie überhaupt beschlossen wurden. Und das nicht etwa, weil die Besitzer so inkonsequent wären, nein, im Gegenteil! Meistens sind die Besitzer voller Tatendrang und möchten dem Welpen zeigen, dass sie Gäste an der Tür zuerst begrüßen. Aber kaum ist die Haustüre geöffnet, liegen die meisten Gäste schon in der Horizontalen.

Sherlock hält es nicht aus, bei Frauchen zu warten.

Genau genommen habe ich Menschen in Anwesenheit eines Welpen im Hausflur eigentlich nie in aufrechter Position gesehen. Kaum ist die Türschwelle übertreten, liegen sie auf dem Boden und der Kleine wird durchgeknuddelt. Wenn es Charts der meistgesprochenen Sätze im Hausflur gäbe, würde wahrscheinlich: »Bitte ignorieren, wir sollen uns zuerst begrüßen!« auf den vordersten Plätzen landen. Aber wer schon einmal versucht hat, seine Gäste vom Welpen fernzuhalten, weiß, dass dies eine fast unlösbare Mission ist. Der Vorsatz, die Begrüßungssituation meisterlich zu regeln, wird somit vereitelt.

In dieser speziellen Situation muss man neben der notwenigen Konsequenz im eigenen Handeln mit dem Welpen ja auch noch die vor Begeisterung quiekenden Menschen zurückhalten. Haben Sie schon mal in die Gesichter Ihrer Gäste geschaut, wenn sie nach dem Hallo gleich hinterher schieben »Bitte nicht meinen Welpen beachten?« Eben. Dieser Ausdruck von Fassungslosigkeit und Entsetzen wird ergänzt von »Och bitte, ich hab doch Hunde so gern«. Wer also noch soziale Kontakte pflegen will, scheint fast machtlos zu sein, die Begrüßungssituation souverän zu meistern.

Ich schlage vor: Konditionieren Sie Ihren Besuch. Wie wäre es mit folgender Idee: Am besten fangen Sie Ihren Besuch noch vor dem Klingeln ab, geben ihm ein Hundeleckerlie in die Hand und sagen Sätze wie »Das ist das das Lieblingsgoodie von XY, das bekommt er nur von dir«. Die Bedingung, um dieses tolle Goodie zu verteilen, kann ja sein, dass der Besuch mit der Begrüßung des Welpen solange warten muss, bis Sie als Besitzer das okay geben. Und vielleicht können Sie augenzwinkernd noch hinzufügen, dass das Leckerli nur in aufrechter Position gegeben werden darf.

Spielt der Besuch mit und wartet mit dem Lieblingsgoodie in der Hand auf seinen Einsatz? Perfekt, dann ist jetzt Ihr Part, den Welpen auf einen Platz zu schicken, auf dem er wartet, bis sie das okay geben, dass der Besucher den Welpen begrüßen darf. Auch hier noch mal kurz die Zielsetzung klar definieren. Sie möchten, dass ihr Hund später bei jedem Klingeln problemlos von Ihnen auf eine Decke geschickt werden kann und dort ruhig abwartet? Das ist ein erreichbares Ziel, dass Sie aber mit einem Welpen in minimalen Schritten aufbauen müssen und sich Etappenziele stecken müssen.

Erste Etappe wäre: Sie platzieren eine Decke etwa vier Meter von der Haustür entfernt und bringen Ihrem Hund bei, sich dort auf Ihr Signal hin dort hinzulegen. Das geht am besten mit Futterbelohnung. Zeigen Sie mit netter Stimme auf die Decke und belohnen Sie den Hund mit einem Futterstück, wenn er dort hingeht. Wiederholen Sie diese Übung etwas 15 Mal am Tag. Wichtig: erst mal ohne Besuch. Können Sie Ihren Welpen problemlos auf die Decke schicken? Dann trainieren Sie die gleiche Situation mit einem Besucher in der Tür. Ratsam wäre es, dafür eine liebe Nachbarin um Hilfe zu bitten, die nur den Besucher spielt. Diese Trainingsphase kann eine Woche dauern. Wenn Sie in dieser Zeit Besuch bekommen, sind jetzt Ihre Management-Qualitäten gefragt. Vermeiden Sie, dass Ihr Hund alleine zur Tür rennt, wenn es klingelt. Sie können ihren Welpen noch gut auf den Arm nehmen? Dann tun Sie das. Hauptsache, Sie vermeiden, dass der Besucher in Ihrem Flur kuschelnd mit einem Welpen auf dem Boden liegt, bevor Sie ihn begrüßt haben.

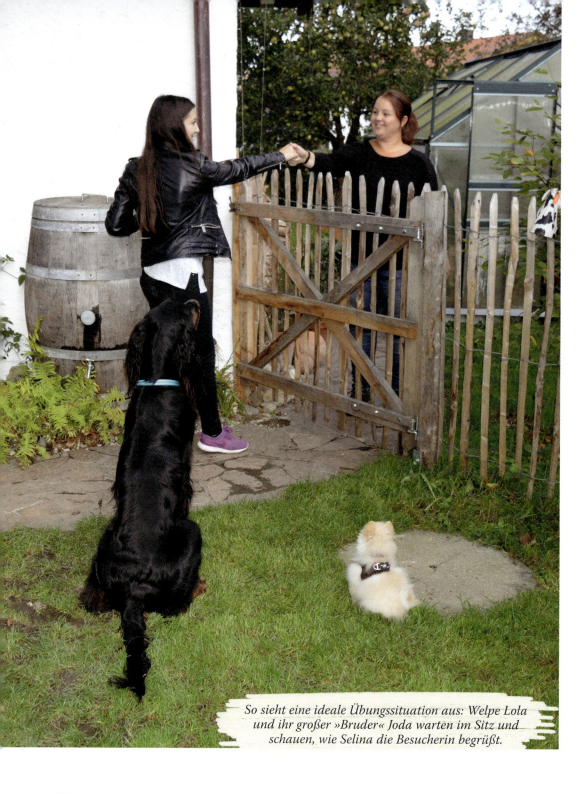

So sieht eine ideale Übungssituation aus: Welpe Lola und ihr großer »Bruder« Joda warten im Sitz und schauen, wie Selina die Besucherin begrüßt.

Darf ich meinen Welpen auf den Schoß nehmen?

Darf ich meinen kleinen Hund auf den Schoß nehmen? Müssen wir Menschen vor ihm essen oder spielt die Reihenfolge bei der Verteilung von Essen keine Rolle? Welpenbesitzer treiben viele Fragen um, und scheinbar gibt es an jeder Ecke ungefragte Antworten dazu oder Tipps. Vertrauen Sie Ihrem Gefühl: Sie entwickeln mit der Zeit ein sicheres Gespür dafür, was Ihrem Welpen gut tut und was nicht. Und warum sollten Sie Ihren Hund nicht auf den Schoß nehmen und ihn knuddeln dürfen? Kuschelt sich Ihr Welpe bei Ihnen wie ein kleines Reh ein und gräbt seine Nase in Ihren Pullover?

Was gibt es denn Schöneres? Er wird keine Hintergedanken dabei haben. Im Gegenteil, genießen Sie diesen Zustand. Es gibt aber auch Welpen, die das Kontaktliegen gar nicht so sehr mögen. Das hat dann auch nicht mit Ihnen zu tun, sondern oft sind das diejenigen Welpen, die schon beim Züchter eher alleine schliefen und nicht das ganz große Kuscheln mit den anderen geschätzt haben.

Wenn Sie also Ihren Kleinen im Arm halten und die Welt in Ordnung ist, dann ist sie das auch. Man muss natürlich immer auch den gesunden Menschenverstand walten lassen: Wenn Sie sich Ihren Welpen auf den Schoß setzen, während Sie gerade am Tisch sitzen und essen, dann könnte das eher kontraproduktiv sein.

Selina knuddelt ihre kleine Lola.

Wozu brauche ich eine Hundeschule?

Eine gute Freundin von mir ist kürzlich Mutter eines Sohnes geworden. Nach zwei Tagen im Krankenhaus konnte die kleine Familie nach Hause. Dort bekam meine Freundin täglich zwei Wochen lang Besuch von der Hebamme. Ein Geschenk, wie sie sagt. Ihre Nachbarn haben hingegen das Auto der Hebamme skeptisch beäugt und über die täglichen Besuche nur die Nase gerümpft: »Früher haben wir das alles nicht gebraucht und unsere Kinder sind auch so groß geworden.«

Ja, das ist richtig. Aber ist es nicht auch schön, eine ausgewiesene Expertin um Rat zu fragen und sich so eventuell schlaflose Nächte mit Baby zu ersparen? So ähnlich ist die Frage mit dem Ja oder Nein nach einer Hundeschule zu beantworten. Ja, es gibt schon lange Zeit Hunde, und viele haben nie einen Hundetrainer in ihrem Leben gesehen. Aber zum einen ist unser Leben ein anderes als vor fünfzig Jahren. Den Erziehungsstandard von Hunden, der vor Jahrzehnten noch aktuell war, kann man mit dem heutigen nicht mehr vergleichen. Oft waren Hunde da noch richtige Nutz- beziehungsweise Arbeitstiere und sollten beispielsweise Haus und Hof bewachen oder die Herde schützen. Zum anderen : Warum denn nicht den Profi um Rat fragen? Das Internet bietet zwar auch viele Tipps und Hilfestellungen, aber Hund ist nicht gleich Hund und eine individuelle Beratung und Problemlösung braucht eine fundierte Verhaltensanalyse mit geschultem Blick.

Volle Kraft voraus: Zum Training der Leinenführigkeit empfiehlt es sich, nicht mit Welpen und dem ersten Hund gleichzeitig zu gehen.

DREI WELPEN IM WAHNSINN: FALLBEISPIELE

In unserem folgenden Praxiskapitel beschreiben wir anhand von drei Welpen typische Anfangsprobleme und gehen auf Fragen und Probleme ein, die ich im Training täglich erlebe. Als Hundetrainerin analysiere ich das Verhalten der Hunde und gebe Tipps, was man bei den aufgeführten Problemen tun kann. Barbara Perfahl erklärt als Psychologin die menschliche Komponente dabei: Warum können wir manchmal nicht von gewohnten Verhaltensmustern abweichen und fördern unbewusst mit unserem Verhalten ein vermeintliches Fehlverhalten bei unseren Welpen?

Auch in der eingespieltesten Beziehung bietet das Thema Welpenerziehung oft Diskussionsstoff zwischen den Partnern.

Fallbeispiel Paula: Wenn Frauchen und Herrchen sich nicht einig sind

Emma (36) und Malte (42) leben seit Kurzem mit Golden-Retriever-Dame Paula zusammen. Der Welpe zieht mit neun Wochen bei der Familie ein.

Emma arbeitet als Oberärztin in einem Krankenhaus im Schichtdienst. Malte ist freiberuflicher Grafiker und arbeitet von Zuhause aus. Seit Kindertagen wünscht Emma sich einen Hund. Nach dem Studium und den ersten Jahren in der Klinik war aber zunächst an die Haltung eines Hundes nicht zu denken, zeitlich war es nicht einzurichten.

Vor kurzem sind Emma und Malte in ihr Traumhaus gezogen, neu gebaut und mit großem Garten. Seit sie den großen Garten haben, wurde Emmas Wunsch nach einem Hund konkret. Malte steht dem Projekt Vierbeiner grundsätzlich skeptisch gegenüber. Das Paar ist kinderlos, könnte sich aber vorstellen, ein Baby zu bekommen.

Er sieht die Gefahr, dass Emma sich mit allem überfordert und versteht nicht, warum man sich jetzt mit der Verantwortung für einen Hund belasten soll. Eigenes Haus, einen großen Garten und dann noch einen Hund?

Tagelang diskutieren sie das Thema. Emma macht ihm klar, wie wichtig dieser Wunsch für sie ist. Beruflich hat sie schon viel erreicht. Die stressigen Jahre direkt nach dem Studium liegen hinter ihr. Sie findet, dass Malte und sie doch mit den verschiedenen Arbeitszeiten in einer privilegierten Lage für einen Hund sind. Und sie findet den jetzigen Zeitpunkt ideal, um einen Hund in ihr Leben zu lassen. Keiner von beiden hat einen klassischen Nine-to-Five Job. Schließlich willigt Malte ein, dass ein Hund bei ihnen einzieht. Er hat jedoch ein paar Bedingungen an den Hundekauf: es soll ein Welpe sein. Er möchte keine ausgewachsene Wundertüte, wie er sagt, bei der man nicht weiß, was der Hund schon alles erlebt hat. Außerdem möchte er einen Hund, der nicht haart und mit dem man nicht viel unternehmen muss. Das Schlafzimmer soll für den Hund absolut tabu sein. Malte selber möchte keinerlei Verpflichtung haben, er möchte sich nicht einschränken müssen und er möchte nicht, dass der Hund seinen neuen Rasen durch seine Hinterlassenschaften ruiniert. Emma sieht in allem kein Problem, sie wünscht sich einen aktiven Hund, der sie auch zu ihrem Pferd begleiten kann. Schließlich fällt die Wahl auf einen Golden Retriever, Emmas Wunschrasse.

Mit einem Golden Retriever Welpen geht Emmas Herzenswunsch in Erfüllung.

Beide Partner müssen an einem Strang ziehen

Die menschliche Seite: Was sind die Erwartungen von Malte und Emma?

Emmas Traum erfüllt sich. Sie bekommt einen Hund. Sie gehört zu den Hundehaltern, denen gemeinsame Aktivitäten und Naturbezug

optimistisch gefärbt, sozusagen durch die rosa Brille gesehen – ein Effekt, der häufig bei Menschen vorkommt, die sich schon lange einen Hund wünschen. Vor allem die Konfliktbereiche mit Malte blendet sie offenbar eher aus.

Denn Malte möchte eigentlich keinen Hund. Er lässt sich mehr oder weniger überreden, und hat dann Bedingungen, die er erfüllt sehen möchte. Seine Erwartung ist vor allem, dass sein Alltag und sein Komfort nicht durch den Hund gestört werden. Das ist jedoch unrealistisch. Ein Hund verändert immer bestimmte Aspekte des Alltags. Und Hunde sind manchmal echte Komfort-Killer: sie machen Schmutz, sie sind laut, sie machen Dinge kaputt. Gerade Welpen bringen oft sehr viel Unruhe ins Haus, da sie noch nicht so gut lenkbar sind wie ein erwachsener, gut erzogener Hund. Zudem ist der Anspruch unrealistisch, keinerlei Verpflichtungen bezüglich eines Haustiers zu übernehmen, das im gleichen Haushalt lebt. Denn zum einen unterscheidet der Welpe ja nicht, wen er mit seinen Bedürfnissen belangen kann (Hunger! Langeweile!) – Malte wird sich auf jeden Fall

wichtig sind, sie möchte gern, dass der Hund sie auf ihren Ausritten mit dem Pferd begleitet. Ihre Erwartungen sind sicherlich durch die Vorfreude und die Phantasie geprägt, die sich über Jahre ausgebildet hat. Und sie sind mit hoher Wahrscheinlichkeit mit dem Hund auch auseinandersetzen müssen. Zum anderen muss man auch vorausdenken, was denn zum Beispiel passiert, wenn Emma einmal Grippe hat, beruflich ein, zwei Tage verreisen muss oder andere, ganz normale Lebensereignisse passieren, die es ihr unmöglich machen, sich um den Hund zu kümmern. In einer Partnerschaft wird es in der Regel der Partner sein, der sich dann um den Hund kümmert.

Vor allem bezüglich der Betreuung des Hundes blenden beide Partner aus, dass Maltes erste Erwartung bereits vor Einzug des Hundes als unrealistisch zu bezeichnen ist. Wenn Emma in Schichten arbeitet und Malte als Freiberufler von zu Hause aus, wird Malte zwangsläufig mit dem Hund befasst sein, wenn Emma arbeitet. Denn als Ärztin kann sie ihren Hund nicht zur Arbeit mitnehmen. Und Hundetagesstätten haben in der Regel nur tagsüber geöffnet …

Hier sind Unzufriedenheit auf Maltes Seite und Konflikte zwischen den Partnern vorprogrammiert.

Die Hundeseite: der Welpe kann nicht jede Erwartung erfüllen

Wenn mich ein Pärchen bei der Erziehung seines Welpen als Hundetrainerin um Hilfe bittet, erlebe ich eine ähnliche Konstellation wie bei Emma und Malte ganz häufig.

Bevor der Hund überhaupt geboren wird, muss er schon eine Menge Charaktereigenschaften mitbringen. Der eine Partner möchte, wie Malte, einen Hund, der nicht haart, der Golden Retriever (Sie wissen, ich habe selbst einen) ist nun nicht gerade ein Nackthund. Auch für Freunde des weißen Bodens kann ein Golden Retriever eine Herausforderung sein, denn er liebt das Wasser und noch mehr den Matsch. Wer einen Goldie schon einmal dabei beobachtet hat, wie dieser sich direkt im Anschluss an ein kleines Bad im Fluss genüsslich auf dem Feld wälzt, wird wissen, was ich meine. Eine leicht braune Sandpanade ziert seinen Körper, alle vier Pfoten sind mit einer Grauton-Note bedeckt. Man denkt nicht sofort an ein steriles Heim, wenn man an einen Retriever denkt. Der Punkt »er soll nicht haaren« kann hier im Speziellen ein Golden Retriever schlicht nicht erfüllen.

Emma möchte, dass ihr Hund sie später zum Pferd begleitet. Grundsätzlich ist dies möglich, sprich das ist grundsätzlich keine unlösbare Aufgabe für einen Retriever. Es setzt aber ein intensives Training voraus.

Klein Lykka muss noch lernen, dass das Wischtuch kein Spielzeug ist.

Die Erwartung kann Paula erfüllen, es wird aber Zeit brauchen, damit der Hund und Pferd entspannt miteinander vereinbar sind. Schon der Welpe sollte lernen, wie man sich beim Pferd benimmt. Das wiederum setzt zeitgleich eine artgerechte Beschäftigung voraus. Denn ein Welpe wird in so einer spannenden Umgebung wie einem Reitstall nicht als erstes an entspanntes Warten denken.

Problem 1: Paula jault nachts

Paula ist bei Emma und Malte eingezogen. Malte möchte nicht, dass der Hund im Schlafzimmer schläft. Das Paar stellt Paula deshalb für die Nacht ein kuscheliges Körbchen in die Küche. Doch Paula schläft nicht, sie sitzt in der Küche und jault. Nicht durchgehend, aber immer wieder. Emma kann deshalb kein Auge zumachen. Mehrmals in der Nacht steht sie auf, geht zu Paula und öffnet die Tür in den Garten, damit sie sich lösen kann. Doch der Welpe bleibt an der Terrassentür sitzen und schaut sein Frauchen fragend an. Immer, wenn Emma wieder hinauf ins Schlafzimmer geht, fängt Paula wieder zu jaulen an.

Diagnose: Als Rudeltier fühlt sich Paula alleine, wenn sie nachts außerhalb der Reichweite ihrer Menschen schlafen muss. Der Hund sollte, vor allem so kurz nach seinem Einzug, unbedingt in einem Raum mit seiner neuen Familie beziehungsweise einer Person davon schlafen können.

Tipp: Da Malte den Hund nicht im Schlafzimmer haben möchte, soll Emma ihr Nachtlager ins Erdgeschoss zum Hund verlegen. Sie soll es sich für die nächsten Tage auf dem Sofa im Wohnzimmer gemütlich machen und Paula zu sich ins Wohnzimmer holen. Wie lange sie unten beim Hund schlafen muss, wird vom weiteren Verlauf abhängen. Es ist ratsam, den Welpen in der Nacht räumlich zu begrenzen, also die Türen, die vom Wohnzimmer in andere Teile des Hauses führen, zu schließen. Es kann sein, dass der Welpe die ersten Nächte nachts jault, weil er seine Geschwister vermisst, nach wenigen Nächten stellt er das ein, vorausgesetzt, er wird in der Nacht nicht alleine gelassen.

Wie läuft es mit der Umsetzung?

Emma hat den Tipp umgesetzt, Paula und ihr Frauchen haben seit einigen Tagen ihr Nachtlager jetzt im Wohnzimmer aufgeschlagen. Die Hündin jault seitdem nicht mehr in der Nacht. Sie schläft neben dem Sofa auf einer Decke, dicht an das Sofa gekuschelt. Manchmal fällt es dem Welpen jedoch schwer, einzuschlafen.

Tipp: Wenn der Welpe schwer einschlafen kann, wäre es eher kontraproduktiv, ihn mit aufs Sofa zu nehmen. Er würde vermutlich nicht ruhig liegen bleiben und so auch seinen Menschen um den Schlaf bringen. Emma soll ihre Hand ausstrecken, vom Sofa in Richtung Paula halten und, wenn der Welpe es zulässt, Paula auch streicheln. In der Regel beruhigen sich die Hunde schnell,

Die erste Nacht im neuen Zuhause. Sucht der Welpe Ihre Nähe? Geben Sie ihm die Gelegenheit dazu.

wenn sie wissen, dass ihr Mensch in greifbarer Nähe ist. Der Welpe muss lernen, dass es Tag und Nacht bei den Menschen gibt. Es wäre wenig sinnvoll, den Welpen jetzt aktiv zu bespaßen.

Problem 2: Der Haufen im Wohnzimmer

Die Situation in der Nacht hat sich entspannt, aber das Thema Stubenreinheit ist nachts immer noch ein großes Problem: Immer, wenn Emma ein Geräusch wahrnimmt, macht sie die Terrassentür auf und lässt Paula in den Garten. Doch die Hündin löst sich dort nicht. Morgens liegt aber oft ein Haufen im Wohnzimmer und mehrere »Seen« sind auf dem Parkett sichtbar. Emma ist frustriert, sie kann sich nicht erklären, warum der Welpe nicht im Garten seine Geschäfte verrichtet. Sie ist aber zuversichtlich, dass Paula es noch lernen wird. Malte dagegen ist wütend darüber, dass der Hund immer noch nicht stubenrein ist und dass seine Frau schon eine Woche lang im Wohnzimmer schläft. Die Flecken auf dem Parkett wischt Emma blitzschnell weg und verschweigt es Malte zunächst.

Diagnose: Für den Welpen ist es nur logisch, sich in der Höhle zu lösen und nicht in der fremden Dunkelheit nachts alleine im Garten. Das Gute ist: Emma hört, wenn Paula nachts unruhig wird und sich den besten Platz zum Lösen sucht. Wenn sie aber nur schnell die Terrassentür aufmacht und nicht gemeinsam mit dem Welpen hinausgeht, wird Paula sich nicht lösen, sondern nur wundern, warum sie alleine in die finstere Nacht hinaus soll.

Tipp: Wenn Emma merkt, dass Paula unruhig wird, soll sie den Welpen sanft auf den Arm nehmen, den Karabinerhaken der Leine am Halsband befestigen und mit ihr gemeinsam in den Garten gehen. Solange Paula noch gut auf dem Arm zu tragen ist, soll Emma die Kleine zu einem von dem Paar festgelegten »Löseplatz« im Garten tragen und erst dort absetzen. Zum einen hilft die immer gleiche Lösestelle, eine Art Ritual zu schaffen und dem Welpen so Orientierung zu bieten, und zum anderen wird der Welpe keine Angst mehr draußen haben, wenn Frauchen ihn in den Garten begleitet. Die Leine hat den Sinn, dass Paula sich nicht weit von der von Emma vorgesehenen Lösestelle entfernt. Die Leine schafft die Verbindung zwischen Mensch und Hund. Sobald der Hund sich gelöst hat, soll Emma die kleine Hündin loben und dann wieder ins Haus tragen oder an der Leine nach drinnen führen.

Die Leine hat zudem den entscheidenden Vorteil, dass man so verhindern kann, dass der Welpe nach dem Lösen nicht wieder mit hinein möchte und nachts im Garten eine Spieleinheit startet. Viele Welpen, die ohne Leine nachts in den Garten gelassen werden, machen aus dem Wiedereinfangen ein Spiel. Ängstlicheren Welpen hilft die Leine außerdem, sich nachts in der Dunkelheit überhaupt sicher draußen bewegen zu können.

Wie läuft es mit der Umsetzung?

Emma trägt Paula jetzt immer zu einem festen Punkt im Garten. Malte und sie haben sich für eine Stelle im hinteren Teil ihres Grundstücks entschieden. Nach langen Diskussionen ist Malte damit einverstanden, dass der Hund sich im Garten lösen darf. Die Alternative, dass seine Frau mitten in der Nacht allein mit dem Hund das Grundstück verlassen muss, fand er noch schlimmer, als dass sein Hund in seinen Garten macht. Der kleine Welpe fühlt sich an der Leine

Haben die Welpen beim Züchter einen Gartenzugang, lösen sie sich dort oft draußen.

seines Frauchens jetzt sicher im Garten und löst sich zuverlässig, wenn er in den Garten geführt wird. Emma hört Paula etwa ein bis zwei Mal in der Nacht und trägt sie dann immer in den Garten. Teilweise ist es jetzt aber vorgekommen, dass Emma die Wachphasen von Paula nicht mitbekommen hat, sondern immer dann erst wach wurde, wenn der Welpe sich bereits im Wohnzimmer gelöst hat.

Tipp: In diesem Falle ist es ratsam, dass Paula sich nachts zwei oder drei Mal den Wecker stellt. Ist der Welpe dann wach, soll sie Paula wie eben beschrieben in den Garten setzen. Sollte der Welpe sich dann nach ein bis zwei Minuten nicht gelöst haben, den Welpen wieder reintragen. Emma sollte die Hündin dann nach einer weiteren halben Stunde noch einmal hinaus begleiten. Sollte der Welpe sich nachts nicht lösen, sollten Sie nicht die tatsächliche »Wartezeit« draußen im Garten verlängern. Der Welpe soll lernen, dass er in der Nacht nur zum Lösen in den Garten geht und nicht zum Zeitvertreib.

Der Garten ist für die Welpen ein Paradies. Dieser Welpe sollte sich im Garten lösen. Er hat aber eine »Beute« gefunden. Tragen Sie ihn sanft wieder in die Wohnung.

Wie läuft es mit der Umsetzung?

Mittlerweile funktionieren die Nächte ganz gut. Emma trägt Paula immer gegen Mitternacht, bevor sie ins Bett geht, zur gewohnten Lösestelle, dann stellt sie sich für zwei Uhr noch einmal den Wecker. Ist der Welpe dann wach, trägt sie ihn wieder raus.

Das hat wunderbar geklappt. Nach ein paar Tagen, an denen die Kleine in der Nacht mehrmals musste, hat sich aber etwas verändert: Wenn der Wecker um zwei Uhr nachts klingelte, war nur Emma hellwach, aber der kleine Welpe schlief friedlich. Seitdem stellt Emma sich nur noch einmal, und zwar um vier Uhr morgens den Wecker. Der Welpe hält von Mitternacht bis vier Uhr prima aus und hat seitdem keinen Haufen mehr nachts ins Wohnzimmer gesetzt. Malte versteht jedoch nicht, warum seine Frau auch noch nach zwei Wochen immer noch im Wohnzimmer bei dem Hund schläft. Der Welpe müsse doch jetzt langsam mal alleine schlafen können, meint er.

Tipp: Die Entwicklung mit der Stubenreinheit ist sehr gut bei Paula. Emma sollte den Wecker jetzt Schritt für Schritt immer eine halbe Stunde später stellen. Je älter der Welpe wird, desto wahrscheinlicher wird es, dass er bis sechs oder gar sieben Uhr in der Früh anhalten kann. So lange der Welpe noch nicht zuverlässig die Nacht durchschläft, ist es aber nicht ratsam, ihn alleine schlafen zu lassen. Zum einen bringt man dann wieder die Fortschritte der Stubenreinheit in Gefahr, zum anderen braucht der Welpe für die Mensch-Hund-Beziehung das Gefühl, dass das Rudel in der Nacht zusammen schläft.

Bei Malte und Emma liegen Schlafzimmer und Wohnzimmer auf verschiedenen Etagen, diese räumliche Distanz wäre am Anfang zu groß für Paula. Wären die Räume auf einer Etage, könnte Emma versuchen, in ihrem eigenen Bett zu schlafen.

Dem Welpen in der Nacht durch die Anwesenheit des Menschen Sicherheit zu geben, hat überhaupt nichts mit Verwöhnen oder Vermenschlichung zu tun. Ist der Hund später ausgewachsen, kommt es auf die jeweilige Trainingssituation mit dem Hund an, ob es aus der Sicht der Rudelstruktur sinnvoll ist, ihn nachts zum Rudel (also ins Schlafzimmer) zu holen. In dem Alter, in dem Paula sich jetzt befindet, ist es aber unbedingt ratsam, weiter bei dem Hund zu schlafen.

Problem 3: Spazierengehen? Fehlanzeige!

Malte ist langsam von der Erziehung des Hundes immer stärker genervt. In seinen Augen dauert das alles viel zu lange. Nicht nur, dass seine Frau beim Welpen schläft, findet er unangemessen, auch das Thema Spaziergänge führt bei dem Paar häufig zu Streit: Wenn das Ehepaar mit Paula spazieren gehen will, rührt sich der kleine Welpe keinen Meter. Im Garten dreht Paula dagegen richtig auf.

Malte stört das ganze Brimborium um den Hund. Er hat das Gefühl, dass nichts von selbst läuft und sieht seine Ahnung bewahrheitet, dass der Hund die ganze Freizeit der beiden auffrisst. Emma dagegen ist glücklich, nur die missglückten Spaziergehversuche mit Paula trüben ihre gute Laune. Sie zerbricht sich seit Tagen den Kopf, warum ihr kleiner Welpe nicht spazieren gehen mag. Malte meint, dass habe sie jetzt davon, dass sie den Hund so verwöhnt und in der Nacht bei ihm schläft. Er sieht sich in seiner Befürchtung, dass ein Hund den gewohnten Lebensrhythmus des Paares vollkommen durcheinander bringen würde, mehr als bestätigt.

Genau wie Pudel-Welpe Rocky möchten sich viele Welpen nicht vom Grundstück entfernen und beenden den Ausflug, indem sie sich platt auf den Boden legen.

Als Emma eines Nachmittags wieder einmal versucht, den Welpen zum Spazierengehen zu überreden, dreht sie nach fünf Metern frustriert um. Kaum hat sie das Grundstück verlassen, drückt der Welpe nämlich auf die Bremse und sträubt sich. Er stemmt sich gegen die Leine und bewegt sich kein Stück. Emma beendet den Spaziergang und geht in Richtung Haus zurück. Kaum hat Emma jedoch das Gartentor aufgeschlossen, ist Paula ein anderer Hund.

Eben noch steht Paula wie eingefroren auf dem Bürgersteig, jetzt rennt sie vergnügt über den Rasen, der vom leichten Schneefall am Tage wie mit Puderzucker überzogen wirkt. Das ist zu viel für Emma, ihre Gefühle brechen sich Bahn und ihr laufen die Tränen die Wangen herunter. Jetzt steht sie da mit ihrem Welpen, der keinen Schritt mit ihr spazierengehen möchte, Malte schmollt im Haus und Paula wälzt sich vergnügt im Schnee. »Hilfe, mein Welpe spinnt!« denkt Emma.

Diagnose: Warum geht der Welpe nicht mit spazieren? Aus Sicht von Paula handeln ihr Frauchen und Herrchen fahrlässig, wenn sie das sichere Grundstück

Nix wie zurück nach Hause: Der Welpe mag nicht spazieren gehen.

verlassen. Der Welpe folgt seinem Instinkt und möchte in der sicheren Höhle bleiben. Es ist schon ein großer Schritt, dass Paula ihren Radius vom Haus weg erweitert hat und sich im Garten so sicher fühlt. Ganz sicher wird Paula ihre Familie bald auf Spaziergängen begleiten.

Tipp: Emma sollte jetzt zunächst bewusst viele Spielaktivitäten im Garten starten. Macht Paula das gut mit, kann sie das schrittweise auch mal auf dem Weg vor das Haus verlagern.

Wie läuft es mit der Umsetzung?

Der Druck, den Welpen unbedingt zu einem Spaziergang zu überreden, ist von Emma abgefallen. Sie spielt jetzt ganz viel mit der Kleinen im Garten. Sie investiert ungefähr die angedachte Spaziergehzeit in Spielzeit im Garten.

Tipp: Da sich der Welpe mittlerweile sehr gut auf das Beschäftigungsangebot seines Frauchens einlässt, sollte Emma Paula jetzt beim Spiel im Garten

Lola sucht eifrig die von Selina versteckten Leckerlis.

stets anleinen, damit Paula merkt, dass Frauchen auch an der Leine tolle Ideen hat und diese nicht nur bedeutet, dass sie sich vom Grundstück wegbewegen möchte.

Wie läuft es mit der Umsetzung?

Emma lässt ihrer Phantasie freien Lauf und zeigt Paula, wie man auf Erdhügeln Sitz machen kann oder dass Leckerlies auch in der Wiese liegen können … sie zeigt ihr die Welt. Diese ersten kleinen Trainingsschritte schaffen Vertrauen. Schnell weiß Paula, dass Emma sich um alle Gefahren kümmert und sie können schon in der ersten Woche ihre Spaziergänge auf die Wohnstraße ausdehnen.

Pudel Rocky ist begeistert, dass sein Frauchen Leckerlies am Baum »findet«

Fazit Menschenseite:

Gerade bei Malte sind es die völlig unrealistischen Erwartungen, die zur Frustration führen. Letztlich ist aber das das Grundproblem: Er wollte eigentlich keinen Hund. Und aus seiner Sicht ist er mehr als geduldig, schließlich akzeptiert er bereits über mehrere Tage, ja sogar Wochen, dass seine Frau aus dem Schlafzimmer ausgezogen ist, nachts Unruhe im Haus herrscht und Emma vom Hund völlig in Beschlag genommen ist. Da er wenig Wissen über Hunde hat, ist ihm auch nicht klar, dass die Erziehung eines Hundes keine Sache von Tagen, sondern von Monaten und Jahren ist.

Emma bewertet diese erste Zeit mit dem Welpen anders. Sie freut sich, dass ihr Wunsch endlich in Erfüllung gegangen ist und kann nach der ersten Verzweiflung über das Schlafproblem und dessen Lösung die Beschäftigung mit dem kleinen Hundekind genießen. Auch sie tendiert bei der Bewertung des Hundeverhaltens aber zur Einschätzung, oder eher dem Gefühl, etwas sei nicht in Ordnung – mit dem Welpen oder ihr selbst. Da sie die Anleitungen und Tipps der Hundetrainerin aber konsequent umsetzt, lösen sich die Probleme mit Paula recht schnell. Für Emma sind vor allem die Konflikte mit Malte eine Belastung.

Um Paarkonflikten wie bei Malte und Emma vorzubeugen, ist es vor Einzug eines Welpen wichtig, dass beide ein Grundwissen zum Thema Welpenentwicklung haben. Es sollten zumindest annähernd realistische Vorstellungen entwickelt werden, wie die ersten Wochen und Monate mit einem Hundekind aussehen. Eigentlich kann erst auf dieser Basis eine Entscheidung darüber getroffen werden, ob ein Hund ins Haus kommt.

Die Frage, die sich jeder zukünftige Hundehalter vor allem stellen sollte, lautet: Wie viel Veränderung in meiner Lebensführung bin ich bereit, zu akzeptieren? Das betrifft Dinge wie die eigene Freizeitbeschäftigung, den Tagesablauf, anfangs sogar den eigenen Schlafrhythmus, Ansprüche an die Sauberkeit in der Wohnung, ästhetische Ansprüche (so manches von der Verwandtschaft geschenkte Hundebett hat schon ein Einrichtungskonzept zerstört) und vieles mehr.

Wenn einer der Partner sich auf solche Veränderungen nicht einstellen kann oder mag, sollte die Entscheidung, sich einen Hund ins Haus zu holen, besser noch einmal überdacht werden. Malte hätte wohl dem hündischen Familienzuwachs eher nicht zugestimmt. Mit mehr Wissen über Hunde, ihr Verhalten und ihre Bedürfnisse könnte es aber auch sein, dass Malte auf einer realistischeren Basis der Anschaffung eines Welpen zustimmt – und realistischere Bedingungen für das gemeinsame Leben mit einem Hund formulieren kann.

Fazit Hundeseite

Die kleine Golden Retriever Hündin entwickelt sich altersgemäß. Die Startschwierigkeiten mit der Stubenreinheit sind typisch.

Sie können Ihrem Welpen die Anpassung an die Familie erleichtern, indem Sie gleich die erste Nacht bei Ihrem Welpen schlafen.

Dass ein Welpe nicht spazieren gehen möchte, ist anfangs völlig normal. Vielen Welpenbesitzern hilft es schon, wenn man sagt, dass der Welpe nicht den Aufstand probt. Machen Sie sich frei vom Gedanken, dass der Hund schon ein Tyrann ist oder eine Bockphase hat. Zweifeln Sie nicht an sich. Geben Sie Ihrem Hund Zeit.

Genau wie Paula reicht den meisten Hunden der Aufenthalt im Garten oder das nahegelegene Grün in der ersten Zeit vollkommen aus.

Was gibt es Schöneres, als dabei zuzusehen, wie der eigene Welpe zum ersten Mal Schnee sieht oder sich vergnügt auf dem Rasen kugelt?

Emma ist regelrecht erleichtert, als sie erfährt, dass ihr Hund kein Tyrann ist oder sich bereits in der Vorpubertät befindet, nur weil er nicht mit spazieren gehen möchte. Seit dieses Missverständnis aus dem Weg geräumt ist, kann Emma die Welpenzeit mit Paula weiter genießen und hat viel Freude dabei zu sehen, wie der Welpe langsam seine Umwelt entdeckt.

Sobald Paula sich im Garten auf Beschäftigungsformen sicher einlässt, sollte Emma erneut versuchen, sich mit dem Welpen vom Grundstück zu entfernen und ihm beispielsweise auf dem Weg vor dem Haus oder Wohnung seine Lieblingsbeschäftigung anzubieten.

Wenn die Welpenerziehung zur Beziehungs-Probe wird

Für mich ist speziell bei der Leitung von Welpengruppen oftmals diplomatisches Geschick und viel Fingerspitzengefühl gefragt. Denn sowohl im Einzeltraining als auch im Gruppentraining erlebe ich bei Paaren Spannungen, wenn es ums Thema Erziehung oder richtigen Umgang mit dem Welpen geht. Die harmonischsten Pärchen beginnen dann Diskussionen. Nach unruhigen ersten Tagen mit dem Kleinen kann schon die Gabe eines Leckerchen im falschen Moment den anderen Partner aus der Fassung bringen. Und vergisst der eine Partner dann noch einen Teil des benötigten Equipments für die Unterrichtsstunde, endet die erste Welpenstunde nicht selten im Streit.

Kommt ein Pärchen mit seinem Welpen ins Training, scheint sich einer der beiden oft auf ganz dünnem Eis zu bewegen, ohne es zu wissen. Denn der Partner beobachtet den Umgang des anderen mit dem Welpen ganz genau. Und schon kommen die Ratschläge nicht nur aus dem Umfeld, sondern auch aus der eigenen Familie.

Zweisamkeit ade: Am Anfang gehört die volle Aufmerksamkeit dem kleinen Hund.

Dass die Erziehung eines Hundes für Paare oft ein Pulverfass bedeutet, beobachte ich schon lange. Ich bin Journalistin und Hundetrainerin – und das beides aus vollster Überzeugung. In beiden Berufen benötige ich eine gute Beobachtungsgabe. Mich interessiert, woran es denn liegt, dass ein kleiner Hund zum Ehestreit führen kann?

Dazu habe ich meine Co-Autorin Barbara Perfahl um Antworten gebeten:

Frage: Warum hat das Thema Hund in einer Partnerschaft so viel Konfliktpotenzial?

Barbara Perfahl: »Wenn ein Paar sich für einen Welpen entscheidet, dann ist die neue Rolle »Hundeeltern« eine sehr spannende. Die Vorfreude auf den kleinen Vierbeiner teilt man, gemeinsam werden Pläne geschmiedet. Wenn der Welpe dann tatsächlich eingezogen ist, kann das für eine Beziehung sehr aufreibend sein. Gerade sucht man noch harmonisch die passende Leine und das erste Spielzeug aus, und kaum mit dem Vierbeiner Zuhause angekommen, liegen oft schon erste Spannungen in der Luft. Bei vielen haben sich hohe Erwartungen aufgebaut – nicht nur an den Welpen selber, sondern auch daran, wie die Erziehung von Klein-Bello auszusehen hat. Diese Erwartungen sind aber je nach Vorwissen und auch eigener Persönlichkeit unterschiedlich und widersprechen sich nicht selten. Dass es dann zu kleineren oder manchmal auch größeren Konflikten kommt, ist fast vorprogrammiert. Noch viel mehr trifft das auf Fälle zu, wo einer der beiden Partner eigentlich keinen Hund möchte, sich aber darauf einlässt. Er erlebt die zeitliche Belastung und die Umstellungen oder auch Unannehmlichkeiten, die der Welpe ja auch bereitet, viel stärker, da ihm das positive Gegengewicht durch die schönen, spannenden und glücklichen Momente mit dem kleinen Hundebaby fehlen. Dort die Hundebetreuung so zu organisieren, dass der Welpe keine Überlastung für den Partner darstellt, er aber dennoch langfristig eine Beziehung zum Hund aufbauen kann, ist schon eine Herausforderung.«

Frage: Die Gretchenfrage zwischen »Welpeneltern« ist oft: »Darf der Hund mit ins Bett?«. Wie können Paare sich annähern, wenn der eine Partner es kategorisch ablehnt, dass der Welpe mit ins Schlafzimmer kommt und es für den anderen die normalste Sache der Welt ist?

Barbara Perfahl: »Abgesehen davon, dass es ja auch in Bezug auf die Erziehung des Hundes unter Umständen nicht förderlich ist, den Hund im Menschenbett schlafen zu lassen, ist das Bett der wichtigste und persönlichste Rückzugsbereich eines Menschen, über den man selber bestimmen können muss. Wenn der Hund wirklich im Bett schlafen soll, müssen wirklich beide Partner das wollen. Wenn einer der beiden sich damit nicht wohl fühlt, dass der Hund mit ins Bett kommt, dann hat der Vierbeiner dort nichts verloren – auch, wenn er als Welpe noch so süß ist und kuschelbedürftig erscheint.

Den Hund in einem eigenen Körbchen oder Hundebett im Schlafzimmer schlafen zu lassen, ist ja oft erziehungstechnisch sinnvoll. Aber letztlich gilt auch da: Das Schlafzimmer ist unser persönlichster Bereich, in dem soll alles so gestaltet sein, dass wir ausreichend erholsamen Schlaf finden können. Wenn für einen der Partner der Hund einen Störfaktor darstellt, muss man eine andere Lösung finden – so wie bei Malte und Emma. Dann schläft einer eben mal eine Zeit im Wohnzimmer auf dem Sofa und der Hund daneben. In diesem Fall »Hund im Bett Ja oder Nein« gehen eindeutig die Wünsche und Bedürfnisse des Menschen vor!

Ob der Hund mit ins Bett darf, ist Geschmackssache.

Fallbeispiel Amy: Wenn Welpen wild werden

Tim (45) und Bea (45) möchten einen Hund. Es soll ein Rhodesian Ridgeback sein, genau wie der Hund einer Freundin. Besonders die elegante Art dieses Hundes gefällt ihnen. Mit dem seidig braunen Fell und der so gelassenen Art hat er was Erhabenes, finden die beiden. Art und Aussehen dieser Rasse begeistern sie schon seit langem. Beim Projekt »Welpe« überlassen die beiden nichts dem Zufall, sie haben sich akribisch vorbereitet und informiert. Wohl an die zehn Erziehungsratgeber stehen inzwischen im Bücherregal.

Tim und Bea sind beide in Vollzeit berufstätig. Während Tim als Polizist unregelmäßige Dienste hat, arbeitet Bea Vollzeit als angestellte Anwältin. Ihr Chef hat ihr erlaubt, dass Amy mit ins Büro genommen werden darf. Voraussetzung ist, dass keine der anderen Kolleginnen gestört wird.

Die menschliche Seite: Was sind die Erwartungen von Bea und Tim?

Für Tim und Bea spielt die Rasse bei der Auswahl des Hundes eine große Rolle. Sie haben aufgrund ihrer Erfahrung – sie kennen einen Hund dieser Rasse aus dem Freundeskreis – eine bestimmte Vorstellung, wie Hunde dieser Rasse gewöhnlich aussehen. Und sie haben auch eine Vorstellung davon, wie ein solcher Hund, in dem Fall ein Ridgeback, sich verhält.

Trotz intensiver Vorbereitung der beiden, was Welpenerziehung betrifft, besteht eine Grunderwartung, wie der Hund sein wird oder soll – und zwar aufgrund der Rassezugehörigkeit. Bei Hundehaltern, wie auch bei Tim und Bea, kommt zur Wahl eines Hundes nicht selten auch der Aspekt Prestige dazu – der passende Hund zum eigenen Lebensstil. Dies ist aber weniger gemeint im Sinne von: Welche Hunderasse passt zu unserem Alltag? Sondern es geht eher darum: Welche Hunderasse passt zu unserem Prestige, zu unserer gesellschaftlichen Stellung oder auch zu unserem ästhetischen Anspruch?

Es sind ja immerhin 22 % der Hundehalter, für die das Ansehen, dass sie durch ihren Hund erfahren können, ein wichtiger Grund für die Anschaffung und Haltung eines Vierbeiners ist. Das ist an und für sich auch in Ordnung – solange man darüber hinaus über die besonderen Bedürfnisse der gewählten Rasse und ihre Verhaltenstendenzen Bescheid weiß. Wüssten mehr Menschen, welche Ansprüche zum Beispiel ein Weimaraner an die Haltung stellt, würde man wahrscheinlich weniger dieser wunderschönen, eleganten und derzeit sehr hippen Jagdhunde in den In-Cafés deutscher Großstädte antreffen.

Neben der Erwartung an das Aussehen haben Tim und Bea ja auch Erwartungen, dass sich der kleine Hund der gewählten Rasse in einer bestimmten Art und Weise verhält. In diesem Fall erwarten sie einen gelassenen Vierbeiner. Dazu passt, dass Amy ihren Hund unter der Bedingung mit ins Büro nehmen darf, solange keine der Kolleginnen durch den Bürohund gestört wird.

Wenn Sie dieses Buch bereits bis hierhin gelesen haben, werden Sie wissen, dass hier die Wahrscheinlichkeit unerfüllter Erwartungen hoch ist …

Die Hundeseite: Nicht von Wunschträumen lenken lassen

Wenn sich zukünftige Welpenbesitzer wie Bea und Tim in eine spezielle Rasse besonders verlieben, interessieren mich als Hundetrainerin immer die Gründe. Ganz oft ist die Entscheidung für eine Rasse gefallen, weil die Menschen bereits einen Hund dieser Rasse kennen. Sicher bringen Hunde einer Rasse immer bestimmte Verhaltensweisen mit, weil diese hineingezüchtet wurden. Aber kein Hund ist wie der andere, nur weil er der gleichen Rasse angehört. Bea und Tim haben sich zudem in einen erwachsenen und erzogenen Hund verliebt. Oft sind dann die Menschen enttäuscht, wenn der Welpe ganz anders ist. Man muss sich bewusst sein, dass der kleine Hund nicht »fertig« zu einem kommt.

Problem 1: Das Schuheanziehen wird zum Kräftemessen

Amy hat regelrechte Laufattacken. Sobald sie wahrnimmt, dass ihre Menschen sich anziehen und es nach draußen geht, rennt sie wie von Sinnen durch das gesamte Haus. Und wenn Tim und Bea sich die Schuhe anziehen wollen, ist es ganz vorbei mit einem entspannten Welpen. Sobald die beiden ihre Schuhe nur in die Hand nehmen, dreht Amy völlig auf. Sie beißt und kratzt ihre Menschen in die Hände.

Das Merkwürdige ist: Amy zeigt das Verhalten nur im Flur. Zufällig hat Bea neulich ihre neuen Schuhe im Wohnzimmer anprobiert, da hat der Hund nichts

Frauchen ermahnt Sherlock, dass er ihre Schuhe nicht anrühren soll.

gezeigt. Das Paar ist ratlos. Kein beruhigendes Wort scheint zu ihrem Hund durchzudringen. Nur wenn das Paar Amy massiv anschreit, lässt sie kurz von den Händen ab. Die beiden sind genervt. Sie sind überzeugt, dass irgendetwas nicht mit ihrer Hündin stimmt. Sie ist so ganz anders als der Ridgeback ihrer Freundin.

Diagnose: Erst einmal Entwarnung: Es ist vollkommen normal, dass Amy nicht der Zwilling des Hundes der Freundin ist. Der Hund der Freundin ist erwachsen. Kennen Bea und Tim den Hund der Freundin schon als Welpen? Oder erinnert sich die Freundin noch an die turbulente Zeit? Oft hilft es ja schon zu hören, dass andere auch durch schwierige Phasen mit ihrem Hund gingen, bis alles scheinbar perfekt läuft. Zu den Laufattacken: Amy ist ein Welpe, da ist überschäumendes Temperament normal. Oft ist zu beobachten, dass die Welpen besonders abends noch mal in Spiellaune kommen und schier endlose Energie haben.

Tipp: Wenn Tim und Bea ungefähr zeitlich einschätzen können, wann Amy ihre lustigen fünf Minuten bekommt, können sie den Welpen zu dieser Zeit im Garten bewusst zu einem Spiel auffordern. Und wenn der kleine Hund einfach nur rennen möchte? Dann einfach entspannt zurücklehnen und den Hund beim unbeschwerten Rennen beobachten.

Zu der Schuhsituation stellen sich mehrere Fragen: Warum beißt der Hund gerade in dieser Situation in die Hände? Ist er schon der Meinung, dass Gegenstände, die scheinbar achtlos auf der Erde stehen, zu seiner Beute gehören? Oder ist die Erwartungshaltung und Aufregung auf den bevorstehenden Spaziergang für den Hund nicht anders zu kompensieren als mit Beißen in die Hände? Oder haben die beiden das Verhalten anfangs noch toleriert, weil es lustig ausschaut und so den Hund in seinem Handeln bestätigt?

Manche Welpe tolerieren keine Dynamik ihrer Besitzer und setzen dann zum Wadenbiss an.

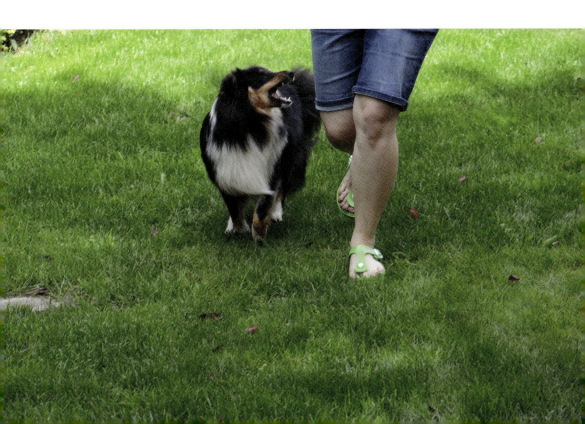

Nach einem Gespräch mit den beiden wird deutlich, dass Amy durch aufmunterndes Zureden immer bestärkt wurde, schonmal in den Flur zu gehen, wenn sich Herrchen und Frauchen anziehen. Erster Trainingsansatz ist hier: Bea und Tim sollten die Schuhaktion entritualisieren, also Amy nicht mehr die Gelegenheit dazu geben, dass sie ihnen in die Hände beißt.

Kann Amy schon Sitz? Prima, dann steht jetzt auf dem Stundenplan: Bea und Tim gehen mit ihrem Hund ins Wohnzimmer. Bea geht mit Amy in eine Ecke des Zimmers und gibt Amy das Sichtzeichen für Sitz und nennt den Befehl auch noch einmal. Sobald Amy sich hinsetzt, wird sie mit einem Leckerchen belohnt. Währenddessen zieht Tim sich die Schuhe in Sichtweite, aber mit etwas Abstand von Amy an.

Hält der Hund das aus und bleibt brav sitzen, wird Amy noch einmal belohnt. Dann wechselt das Paar die Aufgaben. Bea zieht sich die Schuhe an und Tim übt derweil mit Bea Sitz.

Teamwork: Damit Frauchen sich die Schuhe anziehen kann, muss Herrchen Sherlock festhalten.

Wichtig: eine Woche lang soll das Paar sich auch Jacken, Schal und sonstige Bekleidung für den Spaziergang immer im Wohnzimmer anziehen und dabei darauf achten, dass der Hund währenddessen sitzen bleibt und immer belohnt wird, auch, wenn es für den Hund scheinbar ein Kinderspiel ist. So gehen die beiden der Stresssituation mit Amy im Flur erst mal aus dem Weg.

Natürlich soll der Welpe lernen, dass sich seine Besitzer unfallfrei die Schuhe anziehen können und der Hund das aushalten muss. Aber Hundetraining ist immer individuell. Und hier muss man erst einmal die Aufregung aus der Situation nehmen, um neu zu trainieren. Wenn Amy schon so ein ritualisiertes Verhalten zeigt und nicht mehr ansprechbar ist, hat es keinen Sinn, direkt im Flur zu trainieren.

Wie läuft es mit der Umsetzung?

Bea und Tim sind etwas frustriert, dass sie sich nicht einfach zum Spazieren gehen anziehen können, sondern dass immer einer mit Amy etwas machen muss. Aber sie bleiben bei der Übung und machen sie jedes Mal, bevor sie gemeinsam spazieren gehen.

Tipp: Da das Paar fleißig geübt hat, ist es jetzt Zeit für den zweiten Schritt: Möchte das Paar gemeinsam mit Amy spazieren gehen, soll Bea mit Amy in den Flur gehen. Dort lässt sie den Hund Sitz machen und lobt die Hündin dafür eifrig. Tim soll sich dabei in Sichtweite die Schuhe anziehen. Die Räumlichkeiten sind bei dem Paar so gestaltet, dass man vom Wohnzimmer in den Flur blicken kann. Das heißt Tim stellt sich während des Anziehens in die Wohnzimmertür, dann wechseln die beiden die Aufgaben. Bea zieht sich im Wohnzimmer an und Tim bleibt mit Amy im Flur und übt mit ihr Sitz.

Hält die Hündin das noch nicht aus, soll sich der Mensch, der sich gerade anzieht, wieder etwas vom Hund entfernen, aber in Sichtweite zu Amy bleiben.

Wie läuft es mit der Umsetzung?

Bea und Tim haben die Hausaufgabe als sehr anstrengend empfunden. Einfach mal schnell zusammen mit dem Hund vor die Tür gehen war nicht möglich.

Sie waren ein paar Mal kurz davor, aufgeben zu wollen, aber sie haben sich gegenseitig zum Weitermachen motiviert. Nach ein paar zähen Tagen lief alles super. Tim hat sich dann entschlossen, sich schon einmal im Flur anzuziehen, während Bea mit Amy im Flur Sitz übt. Sofort wollte sich Amy wieder auf die Hände stürzen.

Tipp: Es ist gut, dass sich die beiden entschlossen haben, am Ball zu bleiben. Aber der eine Schritt weiter war eben der eine Schritt zu schnell für Amy. Training hat sehr viel mit Geduld zu tun. Die beiden sollen sich jetzt noch einmal eine Woche in der Wohnzimmertür für den Spaziergang anziehen, während der eine immer mit Amy im Flur bleibt. Die Ablenkung sollte nicht erhöht werden. Geht die Übung eine Woche lang gut, dann folgt erst Schritt zwei: Bea übt mit Amy im Flur direkt vor der geschlossenen Haustür Sitz und Tim zieht sich im Flur an, aber etwa vier Meter von Bea und Amy entfernt.

Wie läuft es mit der Umsetzung?

Das Paar hat es fast nicht ausgehalten, die Trainingsschritte so klein zu halten. Aber es hat sich ausgezahlt, Amy ist inzwischen entspannt im Sitz und wird belohnt, während Tim oder Bea sich zwei Meter von ihr entfernt anziehen.

Tipp: Noch eine Woche lang diesen Ist-Zustand beibehalten und dann den Abstand auf einen Meter verringern, dann sind die beiden am Ziel.

Problem 2: Amy mag nicht im Büro bleiben

Eigentlich soll Amy ihr Frauchen ins Büro begleiten. Es ist alles geplant gewesen: Beas Kern-Arbeitszeiten sind von 8 bis 16 Uhr, sie hat mit ihrem Chef jedoch extra für die Eingewöhnung flexible Arbeitszeiten verhandelt, vorausgesetzt, sie schafft ihr Arbeitspensum.

Das Büro teilt sich Bea mit zwei Kolleginnen. Aber schon die ersten Tage im Büro laufen ganz anders, als von Bea erhofft. Amy kann sich im Büro überhaupt nicht entspannen. Sie bleibt nicht in ihrem Korb liegen, sondern rennt im Büro aufgeregt herum und kommt nicht zur Ruhe. Beas Kollegen sind schon genervt und Bea weiß nicht, wie sie das Problem lösen soll.

Diagnose: Gerade Welpen brauchen eine klare Struktur und ausreichend – aber wohl dosierte – Beschäftigungsangebote. Amy ist ein ausgesprochen lebendiger und lebenslustiger Welpe. Es wäre ein Fehler, hier enttäuscht über das Verhalten des Hundes zu sein, nur weil er nicht still im Büro ist. Entscheidend ist hierbei, Amy nicht erst im Büro ans »Ausruhen« zu gewöhnen. Gibt Amy im Haus oder Wohnung und im Garten stets Vollgas und wird nie räumlich oder in ihrem Radius begrenzt, ist es nur logisch, dass sie im Büro recht quirlig ist.

Tipp: Da Bea weiß, dass Amy zuhause bis neun Uhr schlafen würde, soll sie den Welpen vor dem Büro nicht hochpuschen, vorherige Auslastung wäre hier jetzt wenig sinnvoll. Besser: Bea nutzt die flexible Arbeitszeitenregelung und beginnt schon um sieben Uhr mit der Arbeit, davor soll sie Amy in den Garten zum Lösen lassen und direkt vor dem Büro noch mal kurz in den benachbarten Park. Oben im Büro angekommen, bekommt der Welpe nun sein Fressen. Dann wird der Welpe schon wieder müde sein, da das eigentlich seine Schlafenszeit ist und noch keine Kolleginnen zur Ablenkung da sind. Von alleine wird Amy sich wahrscheinlich nicht hinlegen, die Neugierde wäre viel zu groß. Bea soll Amy das Brustgeschirr und die Leine umlassen und locker um das Bein des Schreibtisches legen. Der Erste-Hilfe-Tipp ist also hier, Amys Schlafrhythmus auszunutzen.

Wie läuft es mit der Umsetzung?

Bea beginnt extra eine Stunde früher mit der Arbeit. Amy stört sich gar nicht an der Begrenzung mit Leine und Geschirr. Amys Leine ist so lang, dass sie sich bequem hinlegen oder hinsetzen kann. Bea hat die Aufgabe, den Welpen komplett zu ignorieren, jedes Sitz oder Platz wäre hier zu viel. Es klappt wunderbar. Bea ist total überrascht, dass ihre Hündin die Leine akzeptiert. Alles läuft nach Plan – bis die beiden Kolleginnen um 8.30 Uhr ins Büro kommen. Sobald die beiden Frauen das Büro betreten, führt Amy sich auf. Sie jault und versucht mit samt dem Tisch zu den beiden Kolleginnen zu kommen. Bea ist ratlos.

Diagnose: Da liegt ein klassisches Missverständnis zwischen Mensch und Hund vor. Bea hatte unter anderem die Hausaufgabe, ihren Hund im Büro zu ignorieren, ihr also keine Aufmerksamkeit zu schenken oder einen Befehl zu geben. Das akzeptiert der Welpe jetzt. Prima! Ganz anders ist die Sache mit den Kollegen. Die ignoriert Bea jetzt auch, für Amy ist das quasi ein immer wiederkehrender Besuch, den ihr Frauchen nicht beachtet. Der Hund denkt jedes Mal, ist mein Frauchen blind? Da sind doch zwei Fremde, die ins Büro kommen!

Tipp: Beas Kolleginnen sind zwar leicht genervt, zeigen aber Bereitschaft zum Trainieren, wenn dies dann von Erfolg gekrönt ist. Bea soll die beiden Frauen bitten, bevor sie ins Büro kommen, kurz an der Tür zu klopfen, also nicht einfach reinzukommen. Sobald sie klopfen, soll Bea die Leine von Amy vom Tisch lösen und in der Hand halten. Mit dem angeleinten Hund soll Bea jetzt zur Bürotür gehen und ihre Kolleginnen mit Handschlag begrüßen. Amy hält sie währenddessen fest und lässt sie nicht zu den beiden Kolleginnen. Anschließend setzt sich Bea wieder hin und leint Amy am Tisch an und belohnt ihre Hündin mit einem Keks.

Wie läuft es mit der Umsetzung?

Die Situation im Büro hat sich schon etwas entspannt. Zu Beas Erstaunen beruhigt sich Amy schnell wieder, seitdem Bea ihre Kolleginnen mit Handschlag begrüßt.

Tipp: Begrüßung der Kollegen: Da Amy wachsen wird und Bea sie nicht mehr locker mit einer Hand vom Besuch abhalten und mit der anderen Hand die Tür öffnen kann, soll sie jetzt beginnen, das bereits erlernte Sitz auch dann anzuwenden, wenn die Kolleginnen das Büro betreten. Die Büroproblematik hat sich schon merklich entspannt.

Da Bea jetzt ja eine Stunde früher mit der Arbeit beginnt, kann sie ohne schlechtes Gewissen um neun Uhr eine kleine Pause für den Hund einlegen.

Dieser Zeitpunkt ist ideal, weil Amy da sowieso ihre Wachphase hätte. Bea soll mit ihrem Welpen hinunter in den nahegelegenen Park gehen und sich etwa 15 Minuten mit dem Hund beschäftigen. Da können Grundsignale wie Sitz und Platz und Bleib vertieft werden, eine Beschäftigungsform aufgebaut werden und die beiden können einfach ein bisschen durch den Park schlendern. Der Ridgeback wurde ursprünglich zur Jagd gezüchtet und hat es mit Löwen aufgenommen – da war selbstständiges Handeln gefragt. Ein früher Aufbau von einer Beschäftigung, die Mensch und Hund Spaß macht, bei der der Mensch aber die Spielregeln vorgibt, ist deshalb äußerst wichtig. Wieder oben im Büro angekommen, soll Bea genauso verfahren wie auch zu Beginn ihres Arbeitstages. Amy wird an lockerer Leine am Schreibtisch direkt neben ihrem Frauchen angebunden.

Wie läuft es mit der Umsetzung?

Die Situation hat sich sehr beruhigt. Amy kann sich im Büro jetzt entspannen, weil ihr Frauchen eindeutige Regeln vorgibt und sie ausreichend beschäftigt. Langeweile kommt bei Amy jetzt nicht mehr vor.

Problem 3: Amy und der Besuch

Sobald es an der Haustür läutet, flippt Amy komplett aus. Jeder Besuch, der ins Haus kommt, wird angesprungen und Amy beißt in die Hosenbeine und Hände.

Diagnose: Dieses Verhalten zeigen sehr viele Welpen in dem Alter. Rufen wir uns noch mal in Erinnerung, wozu der Ridgeback ursprünglich gezüchtet wurde. Er wurde bei der Jagd auf Großwild eingesetzt und es wurde von ihm absolut selbstständiges Handeln erwartet. Gegenüber Fremden ist das skeptische Verhalten auch erwünscht gewesen. Wichtig ist also, das zu berücksichtigen, was Rasse und Charakter mitbringen. Es kann nicht Trainingsziel sein, das Wesen des Hundes ändern zu wollen und aus einem Ridgeback unbedingt einen Hund machen zu wollen, der jeden fremden Menschen ohne Einfluss seines Besitzers einfach akzeptiert und im Falle von Besuch einfach durchwinkt.

Hier sind Bea und Tim gefragt. Wir wissen inzwischen, dass Amy unter liebevoller Konsequenz ein sehr lernfähiger Hund ist, im Büro hat sich dies gezeigt.

Der Trainingsansatz ist deshalb hier im ersten Schritt die Frage: Warum verhält sich Amy so?

Im Gespräch mit Bea und Tim stellt sich heraus, dass Amy auch ihre Besitzer anspringt, wenn diese nach Hause kommen. Bisher hat das Paar es aber als Freude interpretiert. Zum Kommunikations-Repertoire eines Hundes beim Freuen gehört aber kein Anspringen. Parallel zur Besuchersituation muss Amy also auch lernen, dass sie ihre eigenen Menschen nicht anspringen darf.

Tipp: Bei jedem Türklingeln wird Amy ab sofort am Brustgeschirr mit der Leine angeleint und festgehalten, sodass sie nicht zum Besuch durchkommt. Ähnlich also wie bei der Bürosituation.

Wie läuft es mit der Umsetzung?

Bea zieht die Trainingsaufgabe konsequent durch, da sie den Erfolg schon vom Büro kennt. Sie vertraut auf die Aufgabe. Tim ist eher skeptisch und möchte eigentlich lieber, dass man den Welpen einfach laufen lassen kann und dass dieser auf einen Befehl wie Sitz oder Platz hört, auch wenn Besuch kommt. Bea kann ihn aber von der Wichtigkeit der Aufgabe überzeugen. Unsicher sind sich die beiden jetzt, wann Amy denn wieder abgeleint werden kann. Sobald der Besuch im Flur ist?
Oder erst wenn der Besuch am Tisch sitzt?

Diagnose: Großes Lob an Bea für die Ausdauer! Ich erlebe oft, dass ein Teil der Familie Trainingsaufgaben skeptisch gegenüber steht. Das kann ganz unterschiedliche Gründe haben. Tim steht dem Training ja sonst aufgeschlossen gegenüber, aber es widerstrebt ihm, seinen Hund anzuleinen. In dieser konkreten Situation führt aber kein Weg daran vorbei.

Die beiden Besitzer haben Amy ja mit ihrem bestätigenden Verhalten des Anspringens suggeriert, »Dein Handeln ist willkommen«. Dass das bei dem Besuch nicht willkommen ist, kann der Hund nicht verstehen. Dieses unerwünschte Verhalten haben Bea und Tim selbst produziert. Der Trainingsprozess des Anleinens ist hier zudem nur eine Übergangslösung. Bei konsequenter Umsetzung des Trainings wird Amy einen Trainingsstand erreichen, bei dem sie auch ohne Leine den Besuch unfallfrei hineinlässt. Doch bis dahin ist die Leine ein adäquates Mittel. Die Frage: Muss Amy die ganze Zeit während des Besuchs angeleint bleiben?

Tipp: Das Ziel der Trainingsaufgabe ist ja, die große Aufregung aus der Besuchersituation zu nehmen. Zum einen muss Amy neu lernen, dass Menschen das Anspringen nicht tolerieren. Zum anderen muss der Hund seinen Menschen als souverän im Umgang mit Besuch erleben. Das heißt: Hund anleinen, Besuch hereinbitten. Würden die beiden Amy jetzt schon im Flur ableinen, hätten Sie das Anspringen nur aus dem Türrahmen in den Flur verlagert. Die beiden sollten Amy angeleint dorthin mitnehmen, wo sie sich mit dem Besuch hinsetzen. Sobald Amy sich etwas entspannt, also nicht mehr stark hechelt oder winselt, kann Amy mit ruhiger Stimme abgeleint werden.

Wichtig: Amy soll lernen, dass ihre Menschen wunderbar mit Besuch zurechtkommen und ihre Hilfe nicht brauchen. Das kann sie aber nicht lernen, wenn diese sich aus Sicht des Hundes unlogisch verhalten. Das wäre der Fall, wenn man den Hund immer dann anleint, wenn man gerade dran denkt, aber bei Tante Berta und dem Postboten immer eine Ausnahme macht und Amy doch zum Besuch hindarf.

Fazit Menschenseite:

Bei Bea und Tim zeigt sich, dass gerade die Erwartungen an einen Hund, die aufgrund der Beschreibung des Rassestandards oder der Erfahrung mit einzelnen Individuen einer Rasse gebildet werden, Enttäuschungen bei Welpenbesitzern vorprogrammieren. Trotz der vielen Bücher, die gelesen wurden und der intensiven theoretischen Auseinandersetzung mit dem Welpenthema, spielen diese Erwartungen Tim und Bea einen Streich.

Dazu kommt, dass sie auch noch einen besonders wilden Welpen – oder sagen wir, ein aufgewecktes Exemplar, erwischt haben. Neuhundebesitzer sind oft überrascht, welche Energie und auch welche Heftigkeit so ein kleiner Hund entwickeln kann. Dieses Verhalten wird dann gar nicht selten als Aggression erlebt und interpretiert. Das wiederum führt meist zu einer recht harschen Gegenreaktion, man weiß sich nicht mehr anders zu helfen, als den Welpen anzubrüllen. Danach fühlt man sich meist noch hilfloser und ist dazu noch wütend auf sich selbst, weil man die Beherrschung verloren hat. Ein Teufelskreis der Frustration!

Das Training empfinden Bea und Tim anfangs als sehr anstrengend. Hundehalter unterschätzen zu Beginn oft die Intensität und notwendige Dauer bestimmter Trainingsmaßnahmen. Auch, dass Hunde letztlich in Mini-Schritten lernen, ist oft eine Überraschung, denn die Tiere wirken in vielen Situationen sehr intelligent auf uns. Dass der Hund im Laufe der Jahrtausende des Zusammenlebens mit dem Menschen gelernt hat, auf geringste Signale des Menschen zu reagieren und durch Verknüpfung von Ereignissen auch bestimmte Geschehnisse vorausahnen kann, führt beim Hundehalter manchmal zu einer Überschätzung der geistigen Fähigkeiten seines Hundes. Hunde können viel, lernen aber meist nur langsam.

Was man bei Bea und Tim aber auch sehr gut sehen kann: Durchzuhalten und das Training konsequent umzusetzen führt nach einem ersten Gefühl der Überforderung oft innerhalb weniger Tage und Wochen zu einer sehr guten Entwicklung und so manches Problem löst sich dann doch schneller als erhofft in Wohlgefallen auf.

Fazit Hundeseite

Bea und Tim haben den festen Willen, Amy zu einem gut erzogenen Hund zu machen. Sie ziehen bei Erziehungsfragen an einem Strang und haben verstanden, was Konsequenz bedeutet und warum sie so wichtig ist. Trotz intensiver Vorbereitungszeit der beiden halte ich die Rassewahl nur für bedingt ideal. Ein Ridgeback ist wunderschön, aber kein Hund, der sich auf seinem schönen Äußeren ausruht und nur in der Ecke liegen möchte. Er muss ausgelastet werden und braucht eine konsequente Erziehung. Bei einer seriösen Hundeschule und bei konsequenter Fortführung des Trainings können die drei aber zu einem guten Team werden.

Fallbeispiel Bruno: Wenn der zweite Hund so ganz anders als der Erste ist

Der hundeerfahrene Uwe (53) findet, sein fünfjähriger Berner Sennenhund Jack braucht einen Spielkameraden, damit ihm tagsüber auf dem Hof nicht so langweilig ist. Nach seiner Scheidung lebt Uwe mit Hund Jack alleine, seine Ex-Frau hat die gemeinsame Hündin Coco behalten.

Uwe denkt, dass Jack die Hündin vermisst und hat deshalb beschlossen, ihm einen Spielkameraden zu schenken. Auch dieses Mal soll es ein Berner Sennenhund sein, und so kommt Bruno zu den beiden auf den Hof.

Uwe lebt alleine in einem restaurierten Fachwerkhaus mit großem Grundstück. Direkt neben dem Wohnhaus hat Uwe seine Werkstatt; er ist selbstständiger Tischlermeister mit zwei Gesellen. Auf dem Hof ist reger Betrieb, neben Kunden bringen auch Lieferanten Holz oder Bauherren schauen bei der Fertigung ihrer Bestellung zu. Jack begrüßt jeden Kunden freudig. Uwe schätzt das ausgeglichene Wesen von Jack, wachsam ist der Rüde dagegen überhaupt nicht.

Eine typische Szene: Der Ersthund ignoriert den Welpen.

Die menschliche Seite: Was sind Uwes Erwartungen?

Uwes Leben hat sich durch den Auszug seiner Ex-Frau und nicht zu vergessen der Hündin Coco stark verändert, und auch für Hund Jack ist das Leben jetzt anders. Uwe möchte seinem Hund etwas Gutes tun, indem er ihm einen Kameraden zur Seite stellt und möglicherweise so auch einen Zustand schafft, der dem früheren Leben zuhause wieder ähnlicher ist.

Uwes konkrete Erwartung ist, dass Jack und der kleine Welpe sich gut verstehen und wohl auch, dass die beiden sich miteinander beschäftigen, während er in seiner Werkstatt arbeitet. Er geht dabei von seinen Erfahrungen mit Jack aus und hat die Erwartung, dass sich der zweite Hund (er ist ja auch ein Berner Sennenhund) ähnlich verhalten wird. Zugleich gibt es klare Vorstellungen, wie die beiden Hunde sich in den Arbeitsalltag und den Betrieb auf dem Hof einordnen. Uwes Erwartung ist, dass auch der neue Mitbewohner Kunden freudig begrüßt, ein ausgeglichenes Wesen und keine Wachhund-Allüren hat.

Annäherung: der ältere Hund lässt sich auf eine spielerische Rauferei mit dem jüngeren ein.

Die Hundeseite: Die Vergrößerung eines Rudels ist nicht immer sinnvoll

Uwe möchte gerne einen zweiten Hund. Ob sein Hund Jack davon auch begeistert ist? Unsere Vierbeiner sind ohne Frage Rudeltiere. Es gibt aber Hunde, die für die Mehrhundehaltung weniger geeignet sind. Wieder andere Hunde tolerieren einen Zweiten neben sich, leben aber eher nebeneinander her als ein Team zu werden. Dann gibt es natürlich auch Hunde, die mit der Erweiterung des Rudels gelassen umgehen und jeden weiteren Vierbeiner willkommen heißen. Dann ist die Mehrhundehaltung ein echter Gewinn für Mensch und Hund. Uwe hat als Single-Mann mit eigener Werkstatt und als Herrchen eines Hundes ohnehin schon ein beachtliches tägliches Pensum zu schaffen. Uwe sollte sich bewusst sein, dass die erste Zeit sehr kräftezehrend sein wird. Egal, ob die Hunde sich verstehen oder nicht. Ein erwachsener Hund, Chef eines Betriebes – ich sehe da eine hohe Belastung. Uwe muss allem gerecht werden.

Die Mehrhundehaltung erfordert Management-Qualitäten nicht nur auf dem Spaziergang.

Problem 1: Jack ignoriert Bruno

Es ist Samstag, der Samstag, an dem Uwe seinen neuen Hund abholen kann. Er fährt eigens zweihundert Kilometer weit, um einen Welpen von der besten Züchterin, wie er findet, zu bekommen. Auch seinen Jack hat er vor fünf Jahren schon von dort bekommen.

Die Autofahrt mit Klein Bruno klappt problemlos. Uwe hatte die Nachbarin gebeten, mit seinem älteren Rüden einen großen Spaziergang zu machen, da er sechs Stunden außer Haus sein würde. Am frühen Nachmittag kehrt Uwe nach Hause zurück.

Als er die Haustür aufschließt, kommt ihm Jack schon freudig entgegen. Wenn der Rüde sich freut, sieht es fast so aus, als ob er Samba tanzen würde, findet Uwe. Das ganze Hinterteil wackelt bei Jack. Die Freude ist groß, dass sein Herrchen wieder da ist. Uwe stellt den großen Sack Welpenfutter im Flur ab,

Hier ist alles entspannt: die zwei Hunde hören auf die Signale ihrer Menschen.

begrüßt Jack mit einer kleinen Streicheleinheit und geht dann zurück zum Auto und holt Klein Bruno.

Der Kleine ist von der langen, aufregenden Autofahrt noch ganz schläfrig. Behutsam trägt Uwe ihn ins Haus. Jack kommt seinem Herrchen freudig entgegen, wohl in der Erwartung, dieser habe ihm was Tolles vom Ausflug mitgebracht. Die Ernüchterung ist ihm bildlich ins Gesicht geschrieben, als er sieht, was Herrchen auf dem Arm hat.

Uwe setzt den Welpen im Flur ab, dieser ist zunächst etwas unsicher. Auf Fliesen ist er noch nie gelaufen. Vorsichtig und unsicher torkelt er los, doch die Neugier auf den großen Jack überwiegt. Er tapst auf Jack zu, dieser wendet den Kopf seitlich ab. Das sieht Bruno als Einladung, es auf der anderen Seite noch mal mit der Annäherung zu versuchen. Das wiederholt sich einige Male. Bruno versucht, Schnauzenkontakt herzustellen, aber Jack wendet sich ab. Bruno versucht daraufhin hochzuspringen und Jacks Schnauze zu lecken. Nach wenigen

Wenn der Welpe sich von dem großen Hund bedrängt fühlt, sollte der Mensch eingreifen.

Minuten hebt der erwachsene Rüde seitlich die Lefze und dreht sich um, läuft die Treppen ins Obergeschoss hinauf und legt sich oben in den Flur. Der Welpe bleibt verdutzt zurück, winselt leise und schaut die Treppenstufen hinauf. Uwe hätte am liebsten mitgejault, mit dieser Reaktion von seinem sonst so friedlichen Jack hatte er nicht gerechnet.

Diagnose: Die Reaktion des erwachsenen Rüden ist ganz normal. Jack wurde quasi von dem Familienzuwachs überrascht und hatte keine Zeit, sich auf diese Neuerung vorzubereiten. Er hat überhaupt noch keine Beziehung zu dem Welpen und hält ihn zunächst mal für überflüssig. Er hat keine menschlichen Gefühle wie etwa »der ist ja süß« oder »oh wie niedlich«. Eventuell hofft Jack sogar, dass der Welpe nur zu Besuch ist. Erst im Laufe der nächsten Tage wird ihm bewusst werden, dass das Rudel um ein neues Mitglied erweitert wurde.

Tipp: Für das erste Zusammentreffen wäre der Hof die bessere Wahl gewesen. Uwe hätte mit Jack an der Leine ein bisschen über den Hof gehen können und hätte seiner Nachbarin mit dem Welpen »zufällig« vor dem Haus begegnen können. Die Annäherung der beiden Hunde für gescheitert zu erklären und unbedingt noch einmal besser zu machen, wäre zu menschlich gedacht, vielmehr steht jetzt das »Verwalten« des Rudels an erster Stelle. Uwe sollte jetzt kein Spiel der beiden Hunde forcieren. Es gibt erwachsene Hunde, die Welpen generell nervig oder überflüssig finden und sie bis zur Geschlechtsreife ignorieren. Uwe muss Jack jetzt zeigen, dass in Uwe echte Rudelführerqualitäten stecken. Das bedeutet, er muss verhindern, dass der Welpe den Großen nervt. Ist der Welpe zu aufdringlich, dann soll Uwe Bruno von Jack wegnehmen und ihm so beibringen, dass er Jack nicht zu sehr auf die Pelle rücken soll.

Wie läuft es mit der Umsetzung?

Uwes Laune war die ersten beiden Tage im Keller. Jack ist nur zum Fressen und zu den Spaziergängen herunter gekommen, sonst war er nur in der ersten Etage des Hauses. Hielt Jack sich dann doch mal unten auf, hat Uwe penibel darauf geachtet, dass Bruno den Großen auf gar keinen Fall bedrängt. Der kleine Welpe hat dies auch gut akzeptiert und war weniger aufdringlich. Jack hat dann seine Aufenthalte unten wieder verlängert. Uwe hat das so interpretiert, dass Jack den Kleinen jetzt doch akzeptiert hat und hat nicht mehr in die Kommunikation der beiden eingegriffen. Dies hatte zur Folge, dass Jack den Kleinen am dritten Tag gemaßregelt hat. Er hat den Welpen mit einem Schnauzengriff korrigiert.

Der kleine Cowboy animiert den großen Mopsi oft zum Spielen.

Diagnose: Es ist schön zu sehen, dass Bruno es akzeptiert, wenn Uwe ihn daran hindert, zu Jack zu gehen. Nach wenigen Tagen ist es aber noch viel zu früh, damit aufzuhören, die Begegnungen der beiden zu regeln. Zum einen hat sich bei Bruno auf gar keinen Fall in der Hinsicht ein nachhaltiger Lernerfolg eingestellt, zum anderen hat Uwe Jack noch nicht ausreichend bewiesen, dass er Rudelqualitäten besitzt. Drei Tage lang etwas zu regeln, ist in Jacks Augen zu wenig und so hat er die Erziehung des Welpen mit dem Schnauzengriff jetzt selbst übernommen.

Tipp: Uwe soll sich wieder so verhalten wie in den ersten Tagen und die Begegnungen zwischen den beiden regeln. Das bedeutet aber nicht, dass er jegliche Begegnungen der Hunde verhindern soll. Uwe soll sich nicht übertrieben in jede Begegnung einmischen, also nicht wie ein Raubvogel über das Nest seiner Jungen wachen. Vielmehr ist es wichtig, dass Jack merkt, dass er auf Uwe zählen kann, wenn der Welpe zu aufdringlich wird. Bevor der erwachsene Hund also das Bedürfnis hat, den Kleinen zu erziehen, sollte Uwe diese Rolle schon übernommen haben.

Wie läuft es mit der Umsetzung?

Uwe hat nun wieder mehr zwischen den beiden Hunden geregelt. Er hat sich alles in allem aber das Aufziehen des Welpen viel einfacher vorgestellt und findet es eigentlich auch nicht schlimm, wenn der große Hund den anderen mal tadelt. Er ist aber erleichtert, dass die Situation sich zwischen den Hunden wieder entspannt hat. Deshalb hält er jetzt auch an dem Training fest, auch wenn ihm das manchmal schwer fällt. Uwe hat für die Eingewöhnung seines Welpen extra seine Werkstatt für zwei Wochen geschlossen. Er ist glücklich mit seinem neuen Hund, Bruno ist ein ganz ruhiger Zeitgenosse. Da der Kleine noch viel schläft, nutzt Uwe die Zeit, um mit dem Großen im Garten ausgiebig zu toben und zu spielen. Jack ist davon natürlich sehr begeistert, musste er doch in den ersten Tagen relativ viel zurückstecken.

Mittlerweile passt die Nachbarin vier Mal in der Woche auf den kleinen Bruno auf, damit Uwe mit Jack auch mal eine große Runde spazieren gehen kann, denn den kleinen Bruno möchte er noch nicht mitnehmen und alleine lassen mag er ihn auch noch nicht. Uwe ist aber zuversichtlich, dass er bald mit beiden Hunden spazieren gehen kann. Das Grundstück ist sehr groß und seit drei

Nur durch das Locken mit Leckerchen kann man Mopsi in die Nähe des Kleinen Cowboy bringen. Im Alltag ignoriert der Althund den Zuwachs.

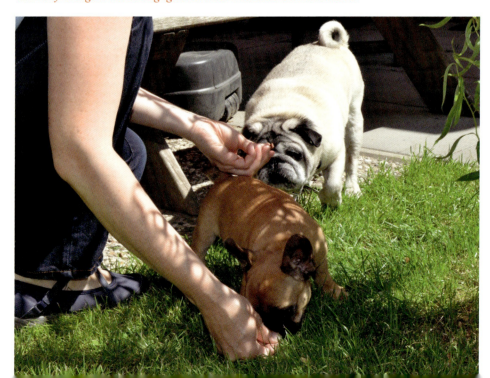

Tagen geht er mit beiden Hunden im Garten spazieren, zwar unangeleint, aber beide Hunde bleiben in seiner Nähe. Uwe ist begeistert vom Folgetrieb seines Brunos: Der kleine Welpe tapst freudig hinter Uwe her.

Problem 2: Bruno mag die Leine nicht

Bei Uwe ist die Lage sehr entspannt, sodass er beschließt, das erste Mal eine kleine Runde mit den beiden Hunden durch den Ort zu drehen. Er verlässt mit den beiden unangeleinten Hunden das Grundstück. Uwe und die Hunde wohnen sehr ländlich, das Grundstück mündet zunächst an einen wenig befahrenen Feldweg, bevor hinter einem Waldstück die Straße beginnt. Uwe sieht deshalb keinen Grund, Bruno anzuleinen.

Beide Hunde verhalten sich wie auf dem Hof, bleiben dicht bei Uwe und schnüffeln im Gras. Nach etwa 500 Metern beginnt das Waldstück. Uwe leint die Hunde an und möchte seinen Spaziergang fortsetzen, doch Bruno bleibt wie angewurzelt stehen und bewegt sich kein Stück mehr. Alles Locken hilft nicht, Bruno bewegt sich nicht einen Zentimeter geradeaus. Uwe lässt die

Der zwölf Wochen alte Leonberger beißt in die Leine, sobald sein Mensch sie ihm anlegt.

Leine daraufhin fallen und geht mit Jack alleine weiter, er denkt zunächst an eine Trotzreaktion und möchte den Welpen überlisten. Aber Bruno bleibt wie eingefroren an der Stelle stehen und winselt.

Uwe ist ratlos, er geht zurück zum Welpen und leint ihn wieder ab. Sofort springt Bruno wieder los und der Spaziergang kann fortgesetzt werden. Uwe probiert es noch ein paar Mal. Aber sobald er die Leine an Bruno festmacht, erstarrt dieser zur Statue. Uwe ist es aber zu gefährlich, die Hunde im Waldstück unangeleint laufen zu lassen. Er leint den Welpen wieder ab und dreht um, in Richtung nach Hause. Jack, Bruno und Uwe gehen entspannt nach Hause zurück.

Diagnose: Bruno kennt bislang keine Leine. Die neue Situation ist ihm unheimlich und überfordert ihn. Wichtig ist hier, den Welpen individuell zu betrachten, und den Grund herauszufinden, warum er sich in dieser Situation so verhält. Nicht alle Welpen reagieren beim ersten Kontakt mit der Leine so. Manche traben einfach los, als ob sie schon immer eine Leine am Halsband gehabt hätten. Viele Hunde wie Golden-Retriever-Dame Paula haben kein Problem mit der Leine, aber wollen sich nicht vom Grundstück entfernen. Bruno hat damit kein

Rocky hüpft an der Leine wie ein Flummi umher.

Problem, aber die Leine verunsichert ihn total. Das Bruno ein eher ängstlicher und unsicherer Hund ist, wurde schon bei seiner Ankunft im neuen Zuhause deutlich. Als Uwe ihn im Flur abgesetzt hat und Bruno das erste Mal nicht Parkett oder Teppichboden wie bei der Züchterin unter seinen Pfoten spürte, sondern Fliesen, blieb er gleich verunsichert stehen. Für das weitere Training ist es wichtig zu wissen, welcher Typ Bruno ist.

Tipp: Uwe macht es großartig, dass er auf die Signale seines Welpen hört und nicht krampfhaft versucht, vorwärts zu kommen. An das Halsband scheint der Welpe schon gewöhnt zu sein. Nun muss der nächste Schritt die Gewöhnung an die Leine sein. Am besten beginnt Uwe damit innerhalb des Hauses: Uwe soll an drei aufeinander folgenden Tagen zehn Mal am Tag den Welpen zu sich locken, mit einem Leckerli belohnen und dann wie beiläufig für eine Sekunde die Leine anlegen. Frisst der Hund das Leckerli, wird er genauso beiläufig wieder abgeleint. An zwei weiteren Tagen soll Uwe dem Welpen die Leine immer kurz bevor er dem Welpen seinen gefüllten Futternapf hinstellt umlegen. Kurz bevor der Hund aufgefressen hat, soll Uwe die Leine wieder abmachen.

Sobald Frauchen sein Hüpfen ignoriert, springt er ihr von hinten in die Beine.

Wie läuft es mit der Umsetzung?

Uwe ist zufrieden mit dem Verlauf des Trainings. Am ersten Tag hat Bruno zwar die ersten fünf Male die Leckerlies verweigert, sobald er die Leine umhatte, danach hat es aber Klick gemacht und jetzt frisst der Hund sogar angeleint sein Futter.

Tipp: Uwe soll jetzt an drei weiteren Tagen die Übung in den Garten verlegen, Bruno zehn Mal am Tag im Garten zu sich locken, mit Leckerli belohnen und beiläufig die Leine umlegen. Wenn Bruno das auch im Garten toleriert, kann Uwe einen kleinen Schritt weitergehen: Nach der Leckerligabe wie bisher die Leine beiläufig umlegen, dann aber mit dem Ableinen warten und stattdessen nach ein paar Sekunden dem immer noch angeleinten Hund ein zweites Leckerli geben. Bleibt der Hund trotz Leine ruhig, bekommt er ein weiteres

Alles gute Zureden hilft nichts: Enie möchte keinen Spaziergang machen.

Leckerli und die Leine wird wieder abgemacht. Klappt auch das gut, soll Uwe mit dem angeleinten Welpen zwei Schritte gehen und ihn dann wieder zu belohnen.

Wie läuft es mit der Umsetzung?

Uwe ist sehr zufrieden. Zwei Schritte mit Leine klappen schon einwandfrei und sogar fünf, aber nach zehn Schritten mit Leine blieb der Welpe wieder wie angewurzelt stehen.

Tipp: Trotz Trainingserfolgs die Aufgaben nicht zu schnell steigern. Wenn der Hund fünf Schritte mit Leine gut zurücklegt, darf der nächste Schritt mit zehn Schritten kein Quantensprung sein. Langsam steigern ist das Stichwort. Sobald Uwe mit dem angeleinten Bruno zehn Schritte im Garten zurücklegen kann, soll er die Übung nach draußen auf den Feldweg verlegen.

Wie läuft es mit der Umsetzung?

Mittlerweile sind anderthalb Wochen vergangen. Zwischenzeitlich war Uwe ziemlich gefrustet, weil es immer mal wieder Rückschritte im Training gab. Aber er hat an dem Trainingsplan festgehalten. Inzwischen akzeptiert Bruno die Leine. Das Dreier-Gespann legt sogar schon Spaziergänge von 15 Minuten gemeinsam zurück.

Problem 3: Bruno bellt die Kunden an

Bruno ist jetzt fünfzehn Wochen alt. Uwes Urlaub ist schon vorüber, die Werkstatt ist schon wieder geöffnet. Die erste Woche nach dem Urlaub lief es wie im Bilderbuch. Bruno und Jack lagen entspannt auf dem Hof, es waren Tage ohne viel Trubel. Uwe hat Telefonate geführt, Bestellungen aufgegeben und kleinere Auftragsarbeiten erledigt. Doch seit einer Woche ist wieder Hochbetrieb. Uwe hat Holzlieferungen bekommen, Kunden kamen, um Kleinstaufträge abzuholen und wieder andere kamen, um Uwes beliebte Holztürenausstellung anzuschauen.

Doch seit einer Woche ist von Uwes Welpentraum nicht mehr viel übrig. Uwe sieht seine Existenz gefährdet. Er spielt mit dem Gedanken, den Kleinen wieder abzugeben. Während Jack die Kunden und Besucher, die aus dem Auto aussteigen, freudig begrüßt, zeigt sein Welpe ein komplett anderes Verhalten. Sobald ein Auto auf dem Hof fährt, läuft Bruno bellend neben den Autos hinterher. Sobald sich die Tür öffnet, springt er die Menschen an und bellt weiter. Wenn die Menschen in Richtung Werkstatt laufen, kommt es teilweise vor, dass Bruno den Kunden ins Hosenbein zwickt. Uwes Plan war, dass der kleine Bruno zusammen mit Jack auf dem Hof bleibt, während Uwe in der Werkstatt arbeitet. Doch dieser Plan ging gründlich schief.

Diagnose: Dass Welpenbesitzer so verzweifelt sind, dass sie ernsthafte Abgabegedanken hegen, erlebe ich immer wieder. Oft ist das aber ein schleichender Prozess. So war es auch mit Uwe. Nach den ersten Trainingsterminen war er sehr zufrieden mit Brunos Entwicklung. Durch den Stress und Termindruck in seiner Werkstatt hat er aber dessen erste Anzeichen für Probleme mit den Kunden komplett ignoriert und heruntergespielt. In Gesprächen kommt heraus, das Bruno schon nach etwa vier Tagen erste Warnwuffer abgegeben hat, sobald die Besucher und Kunden auf den Hof gefahren sind.

Jack hatte sich immer tierisch über jeden Besuch gefreut. Uwe dachte, das würde sich bei dem Welpen schon wieder legen und er würde sich bei Jack das Verhalten abschauen. Von Woche zu Woche wurde es aber immer schlimmer. Je lauter Bruno wurde, desto zurückhaltender wurde Jack. Der momentane Stand ist so, dass Jack jetzt einfach liegen bleibt, wenn Besucher kommen und Bruno das oben beschriebene Verhalten zeigt. Hätte Uwe Brunos Verhalten früher ernstgenommen, hätte er es jetzt deutlich einfacher. So wartet ein neuer Trainingsplan auf ihn.

Uwe versteht seinen Hund nicht. Doch nur weil Jack und Bruno die gleiche Hunderasse sind, heißt das nicht, dass sie genetische Zwillinge sind. Auch die Prägung war bei Jack eine andere. Im Gespräch erinnert sich Uwe, dass Jack damals mit Coco auf dem Hof umhergetollt ist und Uwes Frau stets darauf geachtet hat, dass Jack gute Erfahrungen mit den Kunden macht.

Uwes Frau hat Stammkunden teilweise gebeten, bewusst zu dem Hund zu gehen und ihn mit einem Leckerli zu belohnen. Wichtig ist hier zu verstehen, dass Bruno ein eher unsicherer Charakter ist, der eine Leitfigur als Mensch benötigt.

Aus Brunos Sicht verkriecht sich Uwe in seiner Werkstatt und die Hunde sind dafür da, die Höhle sicher zu halten. Warum schaut Bruno sich nicht das entspannte Verhalten von Jack ab? Es gibt eine Lernform, bei der Hunde durch reines Beobachten ein Verhalten adaptieren. Aber hier ist die unsichere Motivation bei Bruno stärker und er kann aufgrund seines Charakters nicht entspannt mit dieser Situation umgehen. Bruno hat sich ja auch richtig verhalten. Zunächst kommentierte er jeden Besuch mit einem Wuffen, um sein Herrchen in der Werkstatt zu warnen. Uwe hat das überhaupt nicht ernst genommen und so in Brunos Augen nicht reagiert.

Tipp: Um die Verhaltenskette zu unterbrechen, müssen wir die Handlung quasi einmal von Brunos Festplatte löschen. Uwes Situation ist natürlich eine Besondere, ein uneingezäuntes Grundstück, eine Werkstatt, in der es laut und natürlich auch gefährlich ist. Es gibt jedoch ein Büro in der Werkstatt, indem es ruhig und ungefährlich für die Hunde ist. Uwe soll den beiden Hunden in dem Büro eine gemütliche Ecke einrichten. Und jeder Kunde, der auf den Hof fährt, bittet Uwe kurz mit ins Büro zu kommen. Vor den Augen der Hunde begrüßt Uwe den Kunden noch einmal und belohnt seine Hunde dann mit der Stimme oder mit einem Leckerli. Voraussetzung für diesen Trainingsschritt ist jedoch, dass Uwe die beiden Hunde wie gewohnt ausreichend im Garten und auf Spaziergängen vor der Arbeit und in der Mittagspause bespaßt, nur dann kann ein junger Hund wie Bruno im Büro auch entspannen.

Wie läuft es mit der Umsetzung?

Zu Uwes Überraschung haben die allermeisten Kunden Verständnis für das Training und kommen gerne als »Testperson« mit ins Büro. Uwe hat seinen Arbeitstag neu gestaltet. Vor der Arbeit macht er mit den beiden einen ausgiebigen Trainingsausflug, bei dem Bruno und Jack vor allen Dingen ihre Nase einsetzen können. Anschließend bringt er die beiden ins Büro. Dort schlafen die zwei dann selig. Meistens merkt Bruno gar nicht mehr, dass Fremde auf den Hof fahren. Aber Uwe bleibt dran und begrüßt jeden Kunden vor den Augen seines Hundes. Sehr zur Freude von Uwe haben die zwei Hunde sogar schon Ansätze von Spielverhalten gezeigt.

Menschenseite: Fazit

Bei Uwe lag zum einen die unrealistische Erwartung vor, dass Jack den kleinen Bruno sofort als Kameraden akzeptiert. Auch hatte er die Vorstellung, der Kleine schaue sich vom Großen das erwünschte Verhalten ab. Mehrhundehalter wissen, dass es sogar oft umgekehrt ist: Kommt ein kleiner Hund ins Haus, vergisst der Große plötzlich offenbar gut Gelerntes und benimmt sich daneben. So muss der Mehrhundehalter zu Anfang sowohl den Kontakt zwischen beiden Hunden gestalten, als auch das Verhalten des kleinen Hundes – wie bei jedem Welpen – beobachten und erwünschtes Verhalten und erforderliche Fähigkeiten trainieren. So gesehen ist die Erziehung eines Welpen, wenn bereits ein älterer Hund im Haus ist, sogar mehr Arbeit als üblich.

Ein anderer Mechanismus, der bei Uwe zu beobachten ist, ist, dass er Erfahrungen, die er und seine frühere Frau mit Jack gemacht haben, einfach vergessen (oder verdrängt?) hat. Es ist häufig so, dass negative Erlebnisse oder Anstrengungen, die unternommen werden mussten, um einen Zustand zu erreichen, im Laufe der Zeit verblassen und nicht mehr angemessen erinnert werden. Wir vergessen also im Laufe der Zeit zum Teil die Mühe, die es bedeutet, für eine bestimmte Sache zu arbeiten oder zu kämpfen. Jack war also nicht schon immer der ruhige und entspannte Hund, der jeden Kunden unaufdringlich und freundlich begrüßt. Dies war auch ein Ergebnis von Training.

Lernen durch Beobachten: Klein Lola schaut, was Joda macht.

Fazit Hundeseite:

Der Fall Bruno ist ganz exemplarisch dafür, dass oft so gar nichts nach Plan mit dem Familienzuwachs läuft. Die gute Nachricht: das Leben mit Welpen muss sich aber mit Plan B nicht schlechter anfühlen. Plan A ist eben nicht mit jedem Hund durchführbar. Ich bin sehr froh, zu sehen, dass Uwe nicht aufgegeben hat und sehr konsequent weiter trainiert hat. Es ist natürlich eine wirklich zeitaufwändige Geschichte, einen Welpen zu erziehen, einen erwachsenen Hund auszulasten und nebenher noch eine Werkstatt zu führen. Wichtig ist dabei, dass sowohl Mensch und Hund glücklich sind und der Hund artgerecht beschäftigt wird. Es ist sehr schön zu sehen, wie viel Potenzial in Klein-Bruno steckt. Er ist sehr gelehrig und passt sich Situationen an. Der Mensch muss sie nur frühzeitig erkennen.

ALLES WIRD GUT

Würden Sie es noch einmal machen? Würden Sie sich noch einmal einen Welpen holen? Ihre Antwort wird mit ziemlicher Sicherheit »Ja« lauten.

Während der ersten 16 Wochen seines Lebens wird Sie Ihr kleiner Racker nicht nur einmal an den Rande des Wahnsinns gebracht haben. Aber so platt es klingt: Die Erinnerungen an die anstrengenden Wochen werden bald verblassen und Sie sind dann nur noch liebestrunken. Oder sind Sie es schon? Vielleicht müsste es auch lauten, man hält die 16 Wochen nur aus, weil man liebestrunken ist? Wie auch immer. Graben Sie Ihre Nase ganz tief ins Fell Ihres kleinen Vierbeiners und atmen Sie den wohligen Welpenduft – und schon sieht die stressige Welt eines jungen Hundebesitzers schon wieder anders aus.

Ich habe im Buch schon einmal eine Parallele zum Menschenbaby gezogen. Und muss es wieder tun. Vor einer Weile war ich bei einer Familie, die mich um Rat in Bezug auf Ihre beiden Hunde gebeten hat. Ganz frisch ist das Rudel erweitert worden: die Familie hat einen Sohn bekommen. Als die Frage aufkam, ob das Rudel noch weiter wachsen solle, sagte meine liebe Kundin augenzwinkernd: »Jana, wenn, dann kommt nur noch Adoption in Frage!« Die Erinnerung an die Geburt war anscheinend noch nicht verblasst. Mittlerweile hört sich es ganz anders an. Die Sachen des Sohnes werden aufbewahrt – für das zweite Kind.

Ein Blick in Kulleraugen eines Welpen, und alle Mühen sind vergessen.

Genauso ist es doch auch bei uns Hundebesitzern! Während der schlaflosen Nächte würden wir alles unterschreiben, aber sicher keinen weiteren Welpen ins Haus holen. Stellen sich dann die ersten Erfolge an, denken wir na, so schlimm war es ja auch nicht. Das menschliche Gehirn ist immer wieder faszinierend. Und dieses Buch soll ja auch ein Mutmach-Buch sein. Vor allen Dingen soll es aber ehrlich sein.

Das Aufziehen eines Welpen ist nicht immer ein Zuckerschlecken. Und da kann die Alles-wird-gut-Formel schon mal die ein oder andere Träne zurückhalten. Wissen Sie mal nicht weiter mit Ihrem Welpen, fühlen Sie sich überfordert? Das ist ganz normal und oft sind einfach Missverständnisse der Grund. Im Training ist es mir ganz wichtig, meine Kunden im Beobachten Ihres Hundes zu schulen und weniger im Interpretieren.

Oft liegt da schon die Lösung: Als Mensch beobachtet man ein Verhalten bei seinem Hund und legt sich eine menschliche Interpretation zurecht, die sich im Kopf verankert und oft übersieht man dabei den eigentlichen Grund. Eine seriöse Hundeschule wird Ihnen viel über die Körpersprache der Hunde erzählen und Ihnen erklären, wie Sie verschiedenen Signale Ihres Welpen richtig verstehen und nicht interpretieren.

Die Entwicklung kommt sprunghaft, aber doch rasant

Lesen Sie uns gerade mitten in der Nacht, weil Ihr Hund Sie nicht schlafen lässt oder sind Sie mitten in der Nacht mit ihm hinausgegangen, können jetzt nicht mehr einschlafen und können über die Überschrift »Alles wird gut« nur müde schmunzeln?

Seien Sie gewiss, der nächste Entwicklungsschub kommt schneller, als man denkt. Nagt der Kleine in der einen Woche noch die Tapeten bis zum Putz ab, kann er in der nächsten Woche vielleicht schon tagsüber seine Blase kontrollieren und ist zumindest am Tage stubenrein. Die Quantensprünge sind teilweise kaum zu glauben. Denken Sie manchmal, das viele Training lohnt sich nicht, Ihr Hund kann nichts lernen? Der nächste Sprung der Entwicklung steht mit Sicherheit schon in den Startlöchern und Sie werden überrascht sein, was Ihr Welpe schon alles kann.

Vom kleinen Racker zum sicheren Apportierer – konstantes Training zahlt sich aus.

Führen Sie ein Glückstagebuch?

Kennen Sie den Ausspruch »Man sieht den Wald vor lauter Bäumen nicht?«. So ist es auch oft beim Hundetraining, speziell beim Welpentraining. Das können Sie allein schon am rasanten Wachstum des Welpen feststellen. Wenn zwischen den Trainingseinheiten ein paar Tage liegen, bin ich immer überrascht, wie groß die Hunde geworden sind. Die Besitzer sind dann teilweise überrascht von meiner Aussage und empfinden die Veränderung selbst als gar nicht so gewaltig. Genau so ist das auch mit den Trainingsfortschritten.

Wenn man täglich mit einem Hund zusammen ist, dann wird einem im Alltag oft gar nicht bewusst, was der kleine Hund schon alles gelernt hat. Ich empfehle dann immer das »Glückstagebuch«. Schreiben Sie wirklich ab Stunde null die Entwicklung Ihres Welpen auf. Wenn Sie beispielsweise als Stichworte notieren »in der ersten Nacht kaum geschlafen, Hund unruhig«, steht dann in der zweiten Woche schon »von null bis fünf Uhr durchgeschlafen« und in der dritten Woche »nachts schläft er durch und er kann schon Platz im Garten machen«. Was meinen Sie, wie glücklich Sie diese Zeilen machen! Besonders, wenn es Zeiten gibt, in denen Sie glauben, es sei eine Art Stillstand in der Entwicklung des Welpen eingetreten.

Eben schrieb ich über die Streiche, die uns unser Gehirn so spielt. Genauso verhält es sich anscheinend mit den positiven Wendungen. Die kleinen Fortschritte übersieht man viel zu oft im Alltag.

Glücksversunken die Pfote des schlafenden Welpen streicheln – genießen Sie die vielen kleinen Momente.

Wie finde ich eine gute Hundeschule?

Das Training mit Hund und Mensch hat zuallererst einmal ganz viel mit Vertrauen zu tun. Ich sehe mich als Trainerin für Menschen mit Hunden beziehungsweise für Menschen und Hunde. Ich analysiere das Verhalten der Vierbeiner und leite die Besitzer im Umgang mit ihren Hunden an. Ich arbeite ja nicht allein mit dem Tier. Es ist also zum eine eine sehr verantwortungsvolle Tätigkeit und zum anderen eine, die auf Vertrauen basiert. Hundebesitzer vertrauen mir zum Teil private Dinge an, in der Hoffnung, dass dies zu einer Problemlösung mit dem Hund führt. Das heißt, auch die Sympathie zwischen Hundetrainer und Hundebesitzer ist sehr wichtig.

Es gibt Hundeschulen wie Sand am Meer. Informieren Sie sich, nach welcher Trainingsphilosophie die Trainer arbeiten und wählen Sie diese aus, nach der Sie arbeiten möchten. Ich arbeite mit positiver Verstärkung. Das ist eine erforschte Lerntheorie und geht weit über die bloße »Leckerliegabe« hinaus. Wenn ein Hundetrainer sich damit preist, grundsätzlich ohne Belohnung zu arbeiten, fragen Sie kritisch nach. Nach welcher Lerntheorie arbeitet der Trainer? Auch bei Schlagwörtern wie »Dominanz« oder Stammtischparolen wie »ein Hund muss sich unterordnen« wäre ich vorsichtig. Geht es diesem Trainer dann nur darum, den Hund zu unterdrücken und mit Angst zu erziehen?

Die einzelnen Methoden von Trainern entscheiden sich zum Teil schon erheblich. Wenn Sie sich einmal für eine Trainingsmethode entschieden haben, ist es ratsam, dabei zunächst zu bleiben. Diese dann zu mischen, weil einem der Erfolg nicht schnell genug geht, wäre falsch. Es würde überhaupt keinen Sinn machen und den Hund nur verwirren.

Ein seriöser Trainer wird über seine Trainingsphilosophie bereitwillig Auskunft geben.

Auf die Welpenerziehung bezogen erkennen Sie eine seriöse Hundeschule auch an dem Trainingsaufbau. Meiner Überzeugung nach ist jede Welpengruppe, in der mehr als fünf Hunde teilnehmen, nicht seriös zu leiten. Der Trainer kann gar nicht auf jeden individuell eingehen und ein kontrollierter Freilauf ist bei mehr als fünf Hunden kaum zu leisten.

Ich persönlich halte es auch für seriös, sich die Welpen, bevor diese einer Gruppe zugeteilt werden, persönlich anzuschauen. Je mehr ich von dem jeweiligen Hund weiß und ihn gesehen habe, desto besser kann ich ihn einschätzen und so besser kann ich ihn fördern.

Reine Welpenspielgruppen, in der die Menschen nicht involviert werden und die Welpen sich quasi selbst überlassen werden, halte ich für fahrlässig. Empfehlenswert ist ein Unterricht, bei dem der Mensch aktiv angeleitet wird. Gibt es beispielsweise einen Freilauf unter den Welpen, dann wird ein guter Trainer die Besitzer stets über das gezeigte Verhalten der Kleinen aufklären und anleiten, welches Verhalten man laufen lassen kann und welches Verhalten man besser trennt. Nicht unterbundene Mobbingsequenzen unter Welpen können weitreichende Folgen haben. Nicht selten lerne ich Hunde kennen, die im Welpenalter in keiner gut geleiteten Schule waren und von Artgenossen massiv gemobbt wurden. Diese Hunde lernen dann: nur Angriff ist die beste Verteidigung. Wählen Sie die Hundeschule mit Bedacht aus, eine seriöse Welpenbetreuung ist Gold wert.

Seriöses Training

Ein Training mit einem seriösen Trainer benötigt Zeit. Jeder gut ausgebildete Trainer wird sich zuerst ein genaues Bild von Ihrem Hund machen wollen. Dazu gehört ein ausführliches Gespräch mit Ihnen. Sie kennen den Hund am besten. Ein guter Trainer stellt Fragen und verschafft sich so ein erstes Bild von dem Vierbeiner. Bevor überhaupt eine erste vernünftige Beurteilung gestellt werden kann, schaut sich der Trainer dann das Verhalten des Hundes an. Je nachdem, um welchen Rat Sie ihn gebeten haben, sind verschiedene Tests mit dem Hund nötig. Haben Sie beispielsweise einen Hund, der sich bei Begegnungen mit anderen Hunden aggressiv verhält, wird der Trainer jetzt weder Sie noch Ihren Hund noch andere Beteiligte in Gefahr bringen. Ein seriöser Trainer schafft sichere Bedingungen, unter denen er das Verhalten des Hundes beurteilen kann, aber niemand anderen in Gefahr bringt. Haben Sie einen kompetenten Trainer gefunden, dann vertrauen Sie ihm. Gutes Training braucht auch Zeit.

Haben Sie einen guten Trainer gefunden und fühlen sich gut aufgehoben? Dann trauen Sie sich, jede Frage zu stellen und jeden noch so kleinen Vorfall mit dem Hund zu schildern. Manchmal sind es die scheinbar unwichtigen Dinge, die den entscheidenden Impuls beim Training geben. Und nicht zuletzt soll das Training allen Spaß bereiten. Mir ist eine angenehme Trainingsatmosphäre wichtig. Investieren Sie in die Ausbildung Ihres kleinen Hundes Zeit. Ein entspanntes Mensch-Hund-Team und das ein ganzes Hundeleben lang– was gibt denn es Schöneres?

SELBSTTEST: WAS ERWARTE ICH VON

An vielen Stellen ist in diesem Buch deutlich geworden: Erwartungen an den eigenen Hund sind ein wichtiger Faktor im Zusammenleben mit dem Tier und in der Hundeerziehung.

Die schon früher zitierte Studie von Silke Wechsung kam zu dem Ergebnis, dass für die Qualität der Mensch-Hund-Beziehung in erster Linie die Einstellung und das daraus resultierende Verhalten des Hundehalters maßgeblich ist. Wenig oder keinen Einfluss dagegen hat, um welchen Hund es sich handelt, ob das Mensch-Hund-Gespann in der Stadt oder auf dem Land lebt, ob der Hundebesitzer ein Mann oder eine Frau ist, ob er oder sie berufstätig ist oder nicht. Spannend, oder? Welche Erwartungen und Einstellungen haben Sie? Bei mir war es so:

Vor Einzug meiner Hündin Frieda in unser Haus war meine Vorstellung, dass ich eine treue Begleiterin bekomme, die mich freudig wedelnd durch meinen Tag begleitet. Mein Hund sollte (fast) überallhin mitkommen können. Ich wollte auch einen Hund, der mit mir Fahrrad fährt, der im Garten rumlaufen kann, und mit dem ich lange entspannte Spaziergänge, ja sogar Wanderungen machen kann. Ich wollte aber auch einen Kuschelhund, der zu allen Menschen, vor allem Kindern, freundlich ist.

MEINEM WELPEN?

Mir war allerdings nicht ganz so klar, dass der Hund, den ich mir ausgesucht hatte, einen starken Jagdtrieb haben würde und Spaziergänge durch ländliches Gebiet ohne Leine mit hoher Wahrscheinlichkeit in einer Suchaktion enden würden (mein Hund sucht Wild und ich suche meinen Hund). Dass das Leinenführigkeitstraining (damit auch Spaziergänge mit Hund an der Leine entspannt sind) weit über die Junghundezeit hinaus dauern würde, wusste ich ebenfalls nicht. Mir war auch nicht klar, dass »zu anderen Menschen freundlich« heißen kann, dass mich der Hund jedes Mal an der Leine über die Straße zerren würde, wenn wir anderen Spaziergängern begegnen, um gänzlich fremden Menschen die Nase in die Hosentasche zu stecken – egal, ob die das nun gut finden oder nicht.

Und besonders enttäuscht war ich, als klar wurde, dass ich Klein-Frieda nicht einfach im Garten rumlaufen lassen konnte, während ich an einem Text oder im Haus arbeitete, da sie sonst bald denken würde, die Weltherrschaft errungen zu haben – mit allen Privilegien, die das so mit sich bringt. Obwohl ich mich vorher umfassend informiert hatte und auch so einige Bücher zum Thema Hund gelesen hatte, wurden einige meiner wichtigsten Erwartungen enttäuscht.

Hätte ich meine Erwartungen schon früher auf den Prüfstand gestellt, wären mir einige Enttäuschungen und auch schwierige Situationen wahrscheinlich erspart geblieben – oder ich hätte früher gewusst, wie ich schneller an mein Ziel (z.B. Leinenführigkeit) kommen würde.

Wie sind also IHRE Erwartungen an Ihren Hund? Wissen Sie genau, was Ihre Wünsche und Vorstellungen vom Zusammenleben mit dem Hund sind? Haben Sie schon einmal in Ruhe darüber nachgedacht und vielleicht auch hinterfragt, was Sie von Ihrem Vierbeiner erwarten?

Wenn Sie möchten, können Sie sich hier im Folgenden Ihre eigenen Erwartungen ansehen. Ich habe für Sie einen kurzen Selbsttest zusammengestellt, der Ihnen helfen soll, sich Ihre Erwartungen bewusst zu machen. Dazu habe ich verschiedene Aussagen formuliert, die die einzelnen Funktionen und Aufgaben, die ein Hund für uns haben kann, betreffen.

Sie finden auf den folgenden Seiten zu jedem der sechs Erwartungsbereiche verschiedene Aussagen. Bitte lesen Sie sich jede Aussage durch und kreuzen Sie spontan an, ob diese aus Ihrer Sicht zutrifft oder nicht.

Der Hund als Freund

Frage	*Ja*	*Nein*
Hunde sind treue Seelen. Wen sie einmal in ihr Herz geschlossen haben, vergessen sie nie mehr.		
Mein Hund versteht mich besser als so mancher Mensch. Er merkt auch sofort, wie es mir geht.		
Hunde aus dem Tierschutz sind froh, gerettet worden zu sein.		
Hunde sind die besten Freunde.		
Es macht Spaß und Freude, mit dem Hund zusammen zu sein und sich mit ihm zu beschäftigen.		

Der Hund als Unterstützung des eigenen Soziallebens

Frage	Ja	Nein
Durch einen Hund fühle ich mich gebraucht.		
Mit einem Hund lernt man leichter andere Menschen kennen.		
In der Hundeschule trifft man viele Gleichgesinnte		
Mit einem Hund hat man Zuhause immer etwas zu erzählen.		

Der Hund als Statussymbol

Frage	Ja	Nein
Ich freue mich, wenn mich fremde Menschen auf meinen schönen Hund ansprechen.		
Mir ist das Aussehen meines Hundes sehr wichtig.		
Zu einem ordentlichen Haus gehört ein schöner Hund.		
Ich bin stolz, wenn mein Hund vor anderen gut gehorcht.		

Der Hund als Beschützer

Frage	Ja	Nein
Mein Hund soll wachsam sein.		
Mit einem Hund im Haus fühle ich mich sicherer.		
Auch wenn ich durch dunkle Straßen gehe oder abends am Wald entlang – wenn mein Hund bei mir ist, habe ich keine Angst.		

Der Hund als Gesundheitsvorsorge

Frage	Ja	Nein
Mein Hund sorgt dafür, dass ich täglich Zeit in der Natur verbringe.		
Mein Hund hält mich fit.		
Durch einen Hund bekommt der Alltag eine Struktur, da man immer zur gleichen Zeit mit dem Hund raus muss und ihn füttern muss.		
Wenn ich Zeit mit meinem Hund verbringe, kann ich Stress abbauen und Alltagssorgen vergessen.		
Wenn mein Hund bei mir ist, fühle ich mich ruhiger und entspannter.		

Der Hund als Arbeitstier

Frage	Ja	Nein
Mir ist wichtig, dass mein Hund auch eine Arbeit verrichtet (zum Beispiel als Rettungshund, Schäferhund, Blindenhund, oder Ähnliches)		

Haben Sie alle Aussagen bewertet? Dann schauen Sie sich Ihre Antworten zu den obigen Fragen jetzt noch bitte einmal für jeden einzelnen Bereich an und prüfen Sie: Haben Sie mehr Ja-Antworten oder mehr Nein-Antworten? Ist Ihnen dieser Bereich im Zusammenleben mit Ihrem Hund wichtig? Oder spielt dieser Aspekt keine große Rolle?

Bitte bedenken Sie: Die hier aufgelisteten Aussagen sind nur eine Auswahl von Situationen, Wünschen und Haltungen, die auf die verschiedenen Erwartungen hindeuten, aber sicherlich keine vollständige Liste. Es geht auch weniger darum, die Ja und Nein-Antworten auszuzählen und Punkte zu vergeben, sondern eher darum, dass diese Fragen für Sie sichtbar machen, ob Sie in einem bestimmten Bereich Erwartungen an Ihren Hund haben.

Mit Ihren Antworten von oben und Ihren Überlegungen dazu können Sie hier noch einmal zusammenfassend angeben, in welchem Bereich Sie Erwartungen an Ihren Hund haben:

Ich habe folgende Erwartungen an meinen Hund

Mein Hund ist mein Freund	ja	ein bisschen	nein
Mein Hund verbessert mein Sozialleben	ja	ein bisschen	nein
Mein Hund als Prestigeobjekt	ja	ein bisschen	nein
Mein Hund ist mein Beschützer	ja	ein bisschen	nein
Mein Hund ist für mich Gesundheitsvorsorge	ja	ein bisschen	nein
Mein Hund soll arbeiten	ja	ein bisschen	nein

Nehmen Sie sich nun noch einmal etwas Zeit und denken Sie über folgende Fragen nach:

- Ist meine Erwartung realistisch, kann der Hund sie überhaupt erfüllen?

- Kann der Hund sie schon als Welpe erfüllen, erst später oder nie?

- Warum habe ich diese Erwartung an meinen Hund?

- Warum glaube ich, dass er sie erfüllen wird? (Kennen Sie vielleicht einen anderen Hund, der so ist? Haben Sie darüber gelesen? Oder »ist das eben so«?)

- Was wäre, wenn der Hund mein Bedürfnis oder meine Erwartung nicht erfüllt?

Je besser Sie selber wissen, was im Detail Sie von Ihrem Hund erwarten, desto besser können Sie auch Ihre eigenen Reaktionen auf das Verhalten des Hundes verstehen: Warum ärgert es mich so, dass der Hund in dieser speziellen Situation jetzt nicht hört? Warum bin ich fast verzweifelt, wenn mein kleiner süßer Welpe mich plötzlich ernsthaft anknurrt und gar nicht mehr süß ist?

Und je besser Sie wissen, wie realistisch Ihre eigenen Erwartungen und Wünsche an den Hund sind, desto besser wird es Ihnen gelingen, das Verhalten Ihres Hundes zu verstehen. Und sowohl das Wissen um die eigenen Gefühle und Reaktionen als auch das Wissen um das Verhalten Ihres Hundes sind sehr gute Voraussetzungen für ein erfolgreiches Hundetraining und die Basis für eine tolle Beziehung zu Ihrem Vierbeiner.

ZUM GUTEN SCHLUSS

Wir kommen nicht drumherum – die ersten Wochen mit einem kleinen Hund können anstrengend sein. Und die verschiedenen Entwicklungsphasen eines Welpen mit ihren jeweiligen Tücken bringen Welpenbesitzer schon manchmal an den Rand der Verzweiflung. Nun, so mühsam das erste Jahr mit einem kleinen Hundebaby auch sein kann, auf viele Jahre aber einen wahrhaftigen Traumhund an seiner Seite zu haben, ist alle Mühe wert. Sie investieren ja nicht nur in die Zukunft Ihres Hundes, sondern auch in Ihre. Genießen Sie dieses einmalige Zeit mit Ihrem Kleinen.

In diesem Buch haben wir viel über die Tücken in der Welpenaufzucht gelernt und woher diese ihren Ursprung haben. Es ist doch interessant, auf welche Bereiche des Lebens der kleine Hund Einfluss nehmen kann. Haben Sie sich in der ein oder anderen Anekdote wiedererkannt? Vertrauen Sie ihrem Gefühl und lassen Sie sich nicht von anderen verunsichern.

Kommen Sie heiter durch die Welpenzeit. Genießen Sie das Glück als Hundebesitzer. Schauen Sie sich etwas von Ihrem kleinen Hund ab. Genießen Sie den Moment, die Erlebnisse mit Ihrem Vierbeiner in der Natur und genießen Sie dieses zauberhafte Wesen neben sich.

In diesem Sinne, bleiben Sie heiter.

Jana Rätke & Barbara Perfahl

LITERATUR

Bergler, R. (2000). *Gesund durch Heimtiere: Beiträge zur Prävention und Therapie gesundheitlicher und seelischer Risikofaktoren*. Deutscher Instituts-Verlag, Köln.

McConnel, P (2008). *Das andere Ende der Leine*. Kynos.

Pohlheim, K. (2008) Zeige mir deinen Hund und ich sage dir wer du bist : die Mensch-Tier-Beziehung als Spiegel der Gesellschaft. In: Rehberg, Karl-Siegbert (Hrsg) ; Deutsche Gesellschaft für Soziologie (DGS) (Hrsg): *Die Natur der Gesellschaft*: Verhandlungen des 33. Kongresses der Deutschen Gesellschaft für Soziologie in Kassel 2006. Teilbd. 1 u. 2. Frankfurt am Main : Campus Verlag

Wechsung, S. (2010). *Die Psychologie der Mensch-Hund-Beziehung. Dreamteam oder purer Egoismus?* Cadmos Verlag, Schwarzenbek.

DANKE

»Das Abenteuer Welpe« ist auch so etwas wie ein Welpe für mich. Es wurde gehegt, geherzt und an Tagen, wo die Wörter nicht zu Sätzen werden wollten, hat es mich auch zur Verzweiflung gebracht. Bedanken möchte ich mich von Herzen bei allen, die dem Projekt offen gegenüber standen, und ganz besonders bei:

… meiner Mutter und Kathi.
  Danke, dass ihr mich stets mit eurer nicht enden wollenden Euphorie und Zuversicht begleitet
… meiner Oma,
  die trotz ihres großen Herzens, stets eine objektive Literaturkritik mit ihren gewohnt offenen Worten abgegeben hat
… bei Vanessa und Ralf,
  danke für den literarischen Sommer in Schweden
… bei Gisela Rau und Annika Mohr vom Kynos Verlag.
  Liebe Frau Rau, herzlichen Dank, dass Sie von Anfang an an unser Projekt geglaubt haben
… bei Barbara
  – unsere Herzen schlagen im »Dreivierteltakt«. Niemand versteht so gut wie du, dass Zuhause da ist, wo die Berge sind. Danke für deine Motivation und die richtigen Worte zur richtigen Zeit
… bei meinen Herzenshunden Leroy und Matti.
  Leroy – ohne dich wäre ich höchstwahrscheinlich heute keine Trainerin. Gemeinsam sind wir aufgewachsen und durch dich habe ich schon als Kind verstehen wollen »was Hunde denken«. Jetzt schaust du sicher amüsiert von einer Wolke aus zu

… Matti,
   mein lustiger großer kleiner Goldie. Gemeinsam sind wir
   den Weg durch die Trainerausbildung gegangen und
   dabei hast du mir bewiesen, dass auch Hunde Humor
   haben. Und jeden Tag zeigst du mir, dass das Leben
   so leicht sein kann, wenn Berge, Wasser und etwas
   zum Apportieren in der Nähe sind. Du bist mein
   Partner – auf vier Pfoten
… bei Harry
   – für die nachdrückliche Lehre, in schwierigen
   Zeiten immer auf mein Bauchgefühl zu hören
… und ein herzliches Dankeschön an alle Vierbeiner und
   deren Menschen, die ich für dieses Buch fotografieren durfte

   Jana Rätke

Ich freue mich sehr und kann es gleichzeitig kaum glauben, dass aus den vielen spannenden Gesprächen, die Jana und ich in den letzten Jahren über Hunde und ihre Menschen geführt haben und aus einer auf einem herbstlichen Hundespaziergang dahingesagten Idee (»Wir sollten ein Buch darüber schreiben!«) tatsächlich dieses Buch geworden ist, das jetzt vor mir liegt.

Mein Dank an dieser Stelle geht an Dich, Jana: Für die vielen guten Gespräche, das gemeinsam Lachenkönnen und vor allem aber dafür, dass du aus einem wilden Welpen und einer verzweifelten Hundemama ein tolles Mensch-Hund-Team gemacht hast.

Und mein spezieller Dank gebührt meiner wunderbaren Doodle-Hündin Frieda, die mich seit fünf Jahren jeden Tag fröhlich wedelnd begleitet und mir zeigt, wie man im Hier und Jetzt lebt.

Barbara Perfahl

Leslie McDevitt
Stressfei ins Hundeleben
Das Welpenprogramm

Die meisten Welpen-Erziehungsratgeber konzentrieren sich darauf, wie man dem Kleinen welche Kommandos beibringt. Dieses Buch verfolgt einen ganz anderen Ansatz: Das Hauptaugenmerk liegt hier auf den Basiskompetenzen Aufmerksamkeit, Konzentration, Entspannung und Stressresistenz als Grundstein für einen Hund, der im Erwachsenenalter auch in turbulenten Situationen Ruhe und Selbstkontrolle behält.

Flexicover, 280 Seiten,
durchgehend farbig
ISBN 978-3-95464-090-4
24,95 € 25,70 €(A)

Chrissi Schranz
Nur Mut!
Starthilfe für ängstliche Welpen

Nicht alle Welpen sind von Natur aus neugierig, frech und verspielt: Manche sind unsicher und so ängstlich, dass sie zu „Problemhunden" zu werden drohen. Nach einem Ausflug in die Entwicklungsphasen des Welpen, die Gesetze des Lernens und das Erkennen der Körpersprache folgt ein durchdachtes Frühförderungsprogramm, mit dem Stressresistenz und Selbstvertrauen gestärkt werden, ohne den Welpen zu überfordern.

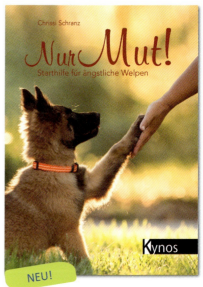

Hardcover, ca. 300 Seiten
durchgehend farbig
Erscheint im April 2017
ISBN 978-3-95464-130-7
24,95 € 25,70 €(A)

Helen Zulch & Daniel Mills
Fit for Life
Was Welpen wirklich lernen müssen

Jedes Jahr finden Millionen von Hundewelpen zu neuen Besitzern - und viele von ihnen landen nach einigen Monaten wegen Verhaltensproblemen in Tierheimen oder beim Tierarzt. Dabei kann der Entstehung typischer Verhaltensprobleme - allen voran angstbedingte Aggression - niemals so gut vorgebeugt werden wie im Welpenalter. Diese einzigartige Buch konzentriert sich erstmals nicht auf das Trainieren üblicher Gehorsamskommandos, sondern fasst in zehn Schlüssellektionen zusammen, was aus Welpen vertrauensvolle, höfliche und in sich ruhende Hunde macht

Flexicover, 120 Seiten, durchgehend farbig
ISBN 978-3-942335-96-6
16,95 € 17,50 €(A)

Imke Niewöhner
Auf ins Leben!
Grundschulplan für Welpen

Die ersten Wochen im neuen Zuhause sind entscheidend für die Entwicklung des Welpen. Spielerisch, gewaltfrei und ohne Zwang lernt Ihr Welpe jetzt schon vieles, das ihn zum angenehmen Familienmitglied macht. Die Autorin nimmt Sie mit einem konkreten Acht-Wochen-Grundprogramm an die Hand: Jeden Tag ein neuer, spannender »Stundenplan«. Ganz nebenbei erfahren Sie viel Interessantes über Hundeverhalten

Hardcover, 120 Seiten, durchgehend farbig
ISBN 978-3-942335-62-1
16,95 € 17,50 €(A)

Sophia Yin
Wie der Mensch, so sein Hund
Hunde lenken durch bewusstes Verhalten

Das gilt auch für die Erziehung Ihres Hundes: Sie müssen weder den „Rudelführer" geben noch geheime Flüstertalente besitzen. Sie müssen einfach nur das Verhalten bestärken, das Sie haben möchten! Die Werkzeuge der operanten Konditionierung sind sehr machtvoll und führen in kurzer Zeit zu erstaunlichen Verhaltensänderungen, wenn man ihre Wirkmechanismen verstanden hat. Denn wir können nur dann von unserem Hund erwarten, dass er sein Verhalten ändert, wenn wir zuerst unseres verändern! Er ist stets unser untrüglicher Spiegel: Wie der Mensch, so sein Hund!

Hardcover, 304 Seiten,
durchgehend farbig
ISBN 978-3-95464-092-8
19,95 € 20,60 €(A)

Patricia B. McConnell & Aimee M. Moore
Die Hundegrundschule
Ein Sechs-Wochen-Lernprogramm

Die Essenz aus Verhaltensforschung, modernen Lerntheorien und vielen Jahren Erfahrung wurde hier ganz praxisnah und umsetzbar zu einem Basis-Trainingsprogramm komprimiert, das Hund und Mensch in sechs Wochen zu einem guten Team werden lässt. Dabei muss der Mensch ebenso seine Hausaufgaben machen, wie der Hund aber bei allem Ernst der Lage nie ohne Freude und Motivation! Hier erfahren Sie, wie Ihr Hund stets das macht, was Sie möchten und Sie trotzdem als seinen allerbesten Freund betrachtet.

Hardcover, 136 Seiten,
farbig illustriert
ISBN 978-3-938071-49-6
19,95 € 20,60 €(A)